新・保育実践を支える

保育の原理

吉田貴子・水田聖一・生田貞子 編著

福村出版

まえがき

　近年の子どもをとりまく環境の変化は著しく，子どもの傍にいる大人は，子どもの健やかな成長を願いながら，さまざまな課題と向き合わなければならない状況にある。このような中，2017（平成29）年に「幼稚園教育要領」「保育所保育指針」「幼保連携型認定こども園教育・保育要領」の3法令が同時に改訂（定）され，翌2018（平成30）年度より施行されることとなった。

　本書『新・保育実践を支える　保育の原理』は，この改訂（定）に伴い，前版の部分的な内容の更新にとどまらず，全面的な改訂を行った。保育士や幼稚園教諭をめざす人たちが，保育学の全体像をつかみ，今回の改訂（定）の大事なポイントや今日的課題を理解しやすいように編集されている。例えば，保育所保育指針において，保育所も幼児教育施設の一つとしてはじめて認められたことは大きな意味がある。そして，新たに「育みたい資質・能力」や「幼児期の終わりまでに育ってほしい姿」といった用語が使われたが，その意味や背景についても本書を通して理解し，考える機会となることを願う。

　とはいえ，幼児期の教育が「幼児期の特性を踏まえ，環境を通して行う」ことや「遊びを通しての指導を中心とする」ことは基本として変わっていない。これらは幼児教育の基本的な原理なので，その点についてもしっかり学んでほしい。

　保育・教育現場の先生方からは，この仕事は「可愛い子どもと毎日一緒に過ごすことのできる仕事」であり，「子どもの成長を肌で感じることのできるやりがいのある仕事」であるという声を耳にする。今日，保育者に期待される役割は増え，仕事の大変さが取り上げられがちであるが，保育者だからこそ経験できる面白さや得られる幸福感がある。本書を手にした方が，保育の奥の深さを感じ，挑戦しがいのあるこの仕事の担い手をめざすことを期待する。

　子どもを産みやすく，育てやすい社会を作ることは，わが国の重要な課題の一つである。そのような社会を作るためにも，保育・教育現場の先生が果たす役割は大きく，現場の先生がいろいろな人や機関と連携していくことは，今後

ますます求められるだろう。

　本書は，大学等の養成校（養成機関）の授業で使いやすいように 15 章で構成されている。つながり合う章もあり，全体を通して保育の原理を学習するよう，さまざまなテーマを網羅している。読み手には本書を読んだ後に，さらに深く学びたいテーマを見つけていただきたいと思う。

　最後に，本書の出版にあたり，お力添えをいただいた福村出版編集部に心よりお礼申し上げる。

　　　2018 年 3 月　　　　　　　　　　　　　　　　　　編者一同

目　次

1章　保育の意義と理念

　生まれて間もない子どもの「未熟さ」や「弱さ」が，「無能」や「劣る」ものとして否定的に捉えられた社会・時代がある。しかし今日ではその「未熟さ」や「弱さ」にこそ人間らしさがあると考えられている。身近な大人からの保護を前提として生まれる人間は，他者や世界を信頼する存在，共に生きる存在であることを示しているからである。そしてまた自らの内に成長力をもつ存在であることの証でもあるからだ。よって保育とは，人間らしさを支える根源に深く関わる営みである。その意義や理念とはどのようなものであろうか。

※写真と本文の内容は直接的には関係ありません。

1節　保育と人間

1　「保育」という語の意味──根源的な営みとしての保育・教育

　ことばの成り立ちや意味に注目することから人間の営みの原点を探ることができる。ここでは「保育」「教育」および education，やまとことばの「をしふ」「そだつ」などの成り立ちや意味をたどってみよう。

　まず「保育」と「教育」に共通する「育」の原初の字形は，女性が子どもを産む姿を写実的に表しているとされる。上の部分は「子」を逆さにしたもので，子どもが頭から産まれてくる姿を表しており，下の「月」は，女性の身体を表す部分が変化したものと考えられている。次に「教育」の「教」という字の原初は巫女による卜占（ぼくせん），すなわち天という自らを超えるものの声を聴き，その道を告げ知らせるという行為を表しているとされる。現在では，「教」は攴（ボク）と爻（コウ）を合わせた字であり，攴は手に棒等をもつ姿を表し，爻は子が上に見ならう，ならうという意味で捉えられることも多い。一方，保育の「保」という漢字の原初は，年長者が幼子をおんぶしている姿を表す象形文字であるとされる。また新しい生命，魂に活力を与える儀礼を示していると同時に，そのような儀礼に関与する聖職者の称号を示すものであったという説もある。

　次に，英語の education やフランス語の éducation の語義にもふれておこう。これらの語源は，ラテン語の educatio であり，「引き出す（educere）」と「養う（educare）」という意味をあわせもつ。そのため産婆が胎児を「引き出す」仕事と，乳母が「養う」という仕事がどちらも「教育」という名詞で表される。ここで興味深いのは，古代ギリシャの家庭教師・家僕であったパイダゴーゴス（paidagogos）を語源とする教育学（pedagogy）と，根源的な人間存在の営みとしての「保育」「教育」education とが区別して捉えられていることである。

　では，漢語が一般的に用いられる以前のやまとことばにおいて「教育」に相当する言葉，すなわち「をしふ」「そだつ」はどのような意味をもっていたのであろうか。まず「をしふ」（おしえる）は「ヲシム（愛）」や親が子に食

物の取り方を教える「ヲシア（食饗^{しょくきょう}）」に語源をもつとされる。そして「そだつ」（自動詞）は，「スダツ（巣立）」に起源をもち，生物が成長して親元を離れていくことを意味している。また他動詞の「そだつ」（そだてる）は「ソタツ（添立・傍立）」「ソヒタツ（添立・副立）」ということに由来し，生物が一人前になるまでの過程を，寄り添いながら助けるという意味をもっていると考えられる。

　語の成り立ちや意味をみてわかるように，「保育」「教育」には，人間の生命の誕生ということがらが含まれており，神聖な仕事を表すという共通性がある。また education や「そだつ」からは，子どものもっている可能性を引き出すことや，寄り添いながら援助することが重視されているとわかる。さらに，やまとことばの「をしふ」のように，それが「ヲシム（愛）」という精神性に起源をもつことなども注意する必要があるだろう。

　このように，字義・語義からは，人間が産まれ生きるためには，食べることはもちろん寄り添いながら養ってくれる存在が必要であり，精神的な支えがいかに大事かということを再認識できる。さらに強調していえば，やまとことばの「をしふ」（ヲシア）からは親が子どもを育てるときに愛情や絆^{きずな}のようなものを具現化したものが食べ物を与えるという行為だとも理解できる。このことは近年の「食育」にも通じることである。生きていくうえで必要なことばや技術の習得が常識的な「教育」であるとすれば，それらを根底的に成立させる人間のあり方を，言葉の成り立ちや意味から学ぶことができるといえよう。

2　〈保護・養護〉と〈育成・教育〉

　我が国において「保育」という語が初めて公的に用いられたのは，明治初期だとされている。その後、中村五六（1860 〜 1946）は保育という語について，幼児を保護養育するという意味において保育と幼児教育は同義だと述べている。さらに後，1947（昭和 22）年に制定された学校教育法にも，幼稚園の目的として「保育」という語が用いられている。そして現在に至るまで，保育という語は「保護・養護」と「育成・教育」が一体になったもの，乳幼児特有の教育

の在り方として理解されている。つまりそこには，外からの保護と内からの成長を引き出すことを一体として用いられるという特徴がある。そのため保育・幼児教育では，乳幼児の心身の安定や安心を重視し，幼児が主体的な活動を通して自ら成長していくことがめざされる。幼児の自発的な活動は，心身の調和のとれた成長・発達の基礎を培うからである。

　人間の誕生後の数年間は，身長・体重・運動機能・情緒・知能・社会性などの心身の発達が他の数年間とは比較にならないほど著しい。ことばの飛躍的な獲得も乳幼児期の特徴である。とはいえ，乳幼児は複雑な感情や状況を合理的に説明することはできない。乳幼児には，ことばで表現できない想いをくみ取り，それを言語化することによってその想いを明らかにしてくれる他者が必要である。それによって乳幼児は自身の感情や理解を豊かにしていく。さらに精神や感情や認識に一致する表現方法を得ていくことで，自己を発揮し，内的・外的世界に意味や価値を発見していく。人間は，生まれてきたことの意味を体験的，概念的につかもうとするが，乳幼児期はその出発点である。人間にはその出発点において肯定的なまなざしが必要である。乳幼児への微笑みやあたたかなまなざしは，「生まれてきてよかったのか」という漠然とした問いへの答えに相当するからである。そこでのまなざしを支えにして，主体的に他への興味をもち，意欲などを外部へ表現していくようになる。

　乳幼児期の教育・保育では，特別な技術を身につけるよりも，乳幼児が生活のなかで，必要な体験をすることこそ重要である。とくに乳幼児期は，基本的な生活習慣を身につけることが乳幼児の心身の安定および成長に不可欠である。そのため，身近な大人の関わりはきわめて重要である。しかし，それは乳幼児に芽生える好みや個性を抑え込むことや，摘み取ることでは決してないだろう。このことは，乳幼児をとりまく衣食住に関して考えると容易に理解できる。例えば「衣」は，着るもの，身にまとうことであり，機能性を満たすことが求められるが，それだけで十分とはいえない。「衣」は，育つ環境や文化，そして子ども自身の好み，つまり「お気に入り」を発見するものである。生まれ育つ文化のなかで自らの好みが反映された衣服をまとうことは，自己発見や自己形

成のきっかけになる。また「食」は，材料を入手し，調理し，食するという一連の過程のことであるが，単に生命を保持するためだけのものではない。「食」の過程が楽しい時間であることで，材料や食事の仕方，食をともにする相手への興味などが引き出されるきっかけになる。同様に，「住」はプライバシーや安全を保護し，寝床などを保障する場であるが，閉鎖された場所ではなく，受容的な開かれた場所でなければならない。それは，人間が独自で個性的な存在であるとともに，周囲との関係において生きる存在だからである。このような「衣」「食」「住」を通して乳幼児は保護・養護されつつ自らを形成していく。保育・幼児教育が生活を中心とした教育だといわれるゆえんでもある。

2節　保育の基本原理

　ここでは保育の基本原理を，子ども自身の内部からの自発的な発展・成長という観点と，生活し働く女性（母親）および変わりゆく家族の在り方という観点から探る。

1　内部から自己成長・発達する存在としての乳幼児

　乳幼児に人間の原点を見出だし，彼らの成長を内部から支えることをめざした人物の一人にフレーベル（12章を参照）がいる。彼は，乳幼児期の人間を母とつながりながら育つ関係的存在として捉えた。そして環境を整えるなかで子どもから育ってくる人間性，あるいは「神性」を観察し，まわりの人間が寄り添いながら見守り育むことの重要性を指摘した。例えば，外見的には受動的にみえる乳児にも，すでに創造的な活動の衝動や人間的な精神性がはっきり表れているとフレーベルは強調する。乳児の未熟さや弱さが否定的に捉えられていた時代において，その未熟さや弱さの中にこそゆるぎない人間らしさがあると確信していたからである。そしてこの衝動や精神性（あるいは予感）を，自己活動・創造的活動や精神性の認識へと方向づけるための教育遊具，すなわち

16

贈り物という意味の恩物（Gabe）を考案する。フレーベルは乳幼児の遊びによる人間形成論を，乳幼児の保育・教育の中核に位置づけたのである。

　また，幼児が幼児らしさを発揮するということについて，フレーベルは遊びという場面を考えた。そして，その遊びをより活気づける場所として，幼稚園（Kindergarten）の庭園は考案されている。いわば象徴としての庭園は，森羅万象がそれぞれの本性に従って生きる理想的な空間である。幼児が育つ場所は知識や技術を伝授するための「学校」ではなく「庭園」でなければならないという信念がそこにはある。ゆえに，保育者は教師というよりは園丁のような存在だと考えられている。

　『母の歌と愛撫の歌』（1844年）の「小さな園丁」にも描かれているように，幼児は庭園のなかで園丁（保育者）にはぐくまれながら，自らも小さな園丁として植物を育てる。植物を世話することによって，自身がどのような存在として周囲に受け入れられているかを経験的に感じながら成長すると考えられている。子どもの成長のためには，安全が確保され，十分な成長を遂げられるように世話し，見守ってくれ，しかも他のさまざまな生命あるものと一緒に生活し，成長する場所が必要なのである。ここでの成長は，分析的なものではなく，一人の子どもが自らの人間性あるいは創造的な生を発揮する瞬間を積み重ね，人間として全面的な成長・発達を遂げるものだと理解できよう。

　フレーベルは，乳幼児を植物の種子，さらに種子の中の核にたとえた。植物の種子の中の核は小さいが，そのなかには成長した後，葉となり，花となるすべてのものが含まれている。乳幼児もまた，成長した後に葉となり花を咲かせるような可能性を含んだ存在だからである。小さいがゆえにできないこと，わからないこともあるかもしれないが，子どもなりに感受し，理解していることは多い。

　ここで問題なのは，乳幼児なりの理解ということを周囲がどう捉えるかである。乳幼児の感じ方や表現，理解を間違いだとして大人の価値観を押しつけるか，あるいは幼児なりの理解を一つの文化のようにまずは尊重し受け止めようとするかどうかが問われる。乳幼児という存在は，大人たちが築き上げた既存

文化の外にいる存在であるため，大人が思いもよらない行動をとることがある。しかし，逆にいえばそれは既存の概念にいまだ侵食されていないと考えることもできる。学問・芸術などの文化や歴史は，そのほとんどが既存のものに対して疑問をもったり，否定したりするところに出発点がある。乳幼児は，確かに既存文化を知っているわけではないが，彼らの発想の斬新さに大いなるヒントを得る文化的創造者が多いのはそのためなのである。

2　女性（母親）と保育

　保育・幼児教育においては，乳幼児という存在を周囲の大人がどのように受け止めるかが重要である。乳幼児が誕生するとき最も近くにいる大人が母親であるのは言うまでもないが，母親（女性）の教育的意義は長い間注目されてこなかった。

　乳幼児の教育はすなわち母親を教育することでもあるとの考えは，近代教育の父といわれるコメニウス（12章を参照）に発するものである。彼は三十年戦争（1618〜1648）とその後の宗教戦争による絶望的な状況を打破するきっかけの一つとして，母親学校を考えた。男性のみが教師であると考えられた時代に，母親（女性）の関わりが子どもにとって大きな教育的意義をもつことを強調した。「平和への願い」に基づく「あらゆる人が，あらゆる事柄を，あらゆる面にわたって（Omnes, Omnia, Omnino）」という彼の教育思想には，乳幼児や女性も含み込まれていたのである。

　その後，産業革命時代に入ってからは混乱と悲惨の時代が続いた。その解決への糸口をつくった一人がイギリスのロバート・オウエン（13章を参照）である。彼は自らが経営する紡績工場内の「性格形成新学院」に「幼児学校」を創設する。工場で働く労働者のために創られた学校であったが，それは，家庭や共同体に包括されていた保育が，新しい産業社会のなかに分化していくことでもあった。産業革命がもたらした工場労働・機械生産は，多くの低賃金労働者としての女性や子どもの労働を前提としていた。女性労働力の確保と幼児への教育環境の保障という側面から，社会的な育児期間は，必要不可欠なものと

なって現在に至っている。

　さらにスウェーデンのエレン・ケイ（Key, E., 1849 ～ 1926）は著書『児童の世紀』（1900）で，女性や子どもたちが低賃金労働の確保という名目のもと，過酷さを極めた状況を綴っている。女性と子どもの生存権を守ることなくして，新たな 20 世紀はないと考えたからである。このように，母と幼い子どもとは不可分の存在であり，保育は，経営者や行政からではなく，女性（母親）自身の力によって支えられ，変容し続けていた。

　現在，女性は「産む性」や「労働する性」などの一面的な生き方を強いられる存在ではなく，さまざまな可能性を含んだ「自己実現する性」でもあるとされる。ここで重要なことは一人の人間としてどのように生きるか，何を大切にするかということが，次世代を担う人間を育む保育に深く関わっているということである。このようにみてみると，母の存在に注目した人々は社会の矛盾に着目し，母親の在り方を問い直すなかで子どもたちをいかに育てるべきかを考え，そのことによって，社会を変革し次の時代を切り開いていく突破口としたことがわかる。そして乳幼児の保育・教育は，幼い子どもや女性の立場から社会・時代の諸課題を最前線で受け止めてきたといえるだろう。

3　変わりゆく家族

　現代社会において我々は，長い人類史のなかでも誰も経験したことがないような事態に直面している。情報社会化や少子高齢化，温暖化等々，挙げればきりがないほどである。当然子育ても例外ではない。一家族に 10 人以上の子どもがおり，年長の子どもが年少の子どもの世話をすることが当たり前だった時代，幼い子どもを育てることは，文字や写真，映像によって学ぶものではなく，身体を通して感覚・直接的に伝えられていくものであった。村落共同体という言葉があるように，一家族同士の境界が今日の核家族社会ほど明確ではなく，家族であろうとなかろうと生きていくためには助け合うほかないといったことも日々の暮らしのなかで当たり前の感覚であった。

　身近な大人からの保護を前提として生まれる人間は，他者や世界を信頼する

存在，ともに生きる存在である。しかし現代社会ではそのこと，つまり人間の本質を見失ってしまう危険性と常に隣り合わせなのである。あらためて原点に立ち返れば，「ともに食べる」こと，「ともに育てること」こそ人間らしさであるとするとき，そこに集いつながる複数の人間を「家族」（のような共同体）と捉えることができるはずである。そのことを教えてくれるのはやはり子どもの姿，声であろう。

　昨今，乳児院や児童養護施設等で暮らす子どもは4万人を超える。この事実を重く受け止め，「児童福祉法等の一部を改正する法律」（2016年）では，「家庭と同様の環境における養育の推進」が打ち出されている。父と母と子どもといった最小単位の，いわゆる核家族の限界がこの4万人という子どもの姿であるとするならば，この転換期に「家族」の在り方を再考し，そのうえで新たな「家族」の在り方を模索せねばならないだろう。

　その際，一つの示唆を与えるのが，民俗学的な生活からの観点である。例えば西洋，東洋問わず6歳ごろまでの子どもとそれ以上の子どもとではまったく異なる社会的認識がなされていたことが挙げられる。「7歳までは神のうち」という言葉は，0〜5，6歳くらいまでの子どもたちが病にかかり，いのちを失ってしまったという現実と無関係ではない。生命の誕生とその後の数年間の成長は危機の連続であった。それゆえその危機を乗り越えた生命は，我々人間が神様から授かったものであると感じられた。お宮参りや七五三といった子どもの誕生や成長を祝う通過儀礼には，子どもが無事に育ち，長生きできるようにという願いと，授けられた命への感謝と喜びがあふれていた。幼い生命の誕生を喜ぶ大人たちの温かいまなざしに包まれながら，子どもたちはその喜びを自らのものとし，育っていったのである。死と隣り合わせにある生の喜びが子どもの存在を確かなものにしていたことを踏まえつつ，今の時代における子どもの誕生および成長の受け止めについて我々は自問しなければならない。幼い生命の誕生を喜び，成長を見守りつづけようとする大人が集えばそこに「家族」が生まれる。子どもが内的なものから育つように「家族」もまた，形式や枠組みから出発するのではなく，その内的なものから発してそれぞれの在り方

を創りあげていくところに未来がある。

3節　保育の理念と現代社会

1　子どもの最善の利益

　我が国において初めてすべての児童の権利を保障する児童憲章が制定されたのは 1951 年のことである。児童憲章の前文において，児童は①人として尊ばれる，②社会の一員として重んぜられる，③よい環境のなかで育てられることが記されている。また，1989 年には国際連合が児童の権利に関する総合的条約である子どもの権利条約（Convention on the Rights of the Child，「児童の権利に関する条約」，日本の批准は 1994 年）を発効した（15 章を参照）。子どもの権利条約では，①生きる権利，②育つ権利，③守られる権利，④参加する権利を 4 つの柱としている。ここで最も重要な原則が児童の最善の利益尊重である。

　周囲の大人からの絶対的な保護を必要とし，自らを語る十分な言葉をもたない幼い子どもにとっての人権はあまりに簡単に侵害されてしまう。ゆえに児童憲章や子どもの権利条約等に示されることは，彼らがもつものであると同時に，子どもに対する大人からの約束なのである。

　とくに注意すべきは，「最善の利益」とは，マニュアル的な答えがないということである。一人ひとりの子どもにとっての「最善」は，一般論としては語ることができない。だからこそ，その子どもが何を感じ望んでいるか，世間の価値観をいったん横において一人ひとりに寄り添う大人が必要なのである。

　21 世紀を迎えた今日においても，子どもの権利が十分に守られているとは言いがたい。物質的な豊かさを得た日本も決して例外ではないのである。そのような背景もあり，2016 年には児童福祉法等の一部を改正する法律が成立した。そこでは子どもが権利の主体として位置づけられている。どのような社会であれば，子どもが主体であることができるのか，この大きな転換を受け止め

る一人ひとりの意識がいっそう求められる。

2　生涯学習社会における乳幼児期

　現代的な生涯学習の概念は「成人教育推進国際委員会」(1965) における
ポール・ラングラン (Lengrand, P., 1910 ～ 2003) の提唱を基本としている。
ラングランは,「生涯教育 (Lifelong Education)」というワーキングレポート
において学習の生涯化, すなわち学校中心の「教育」からの脱却を提唱した。
今日, 生涯学習という言葉が多く用いられるのは, 学ぶ人間の主体性をより
明確にするためでもある。ラングランは次のように結論づけている。「人間は,
一度えた一組の知識と技術だけで自己の全生涯をまっとうしうるという考え
方が急速に消滅しつつある。教育に対する内外の要求に対処することを通じて,
教育の真の意義が明確になりつつある」(波多野完治訳『生涯教育入門』全日
本社会教育連合会, 1971)(傍点は引用者)。

　学校教育期間終了後, 社会人として一つの組織に就職, 特別に自ら何かを学
んだりチャレンジしたりすることなく定年まで勤め, 老後の生活をゆったりと
楽しむという時代は確かに終わりを告げた。そしてその時はじめて人間は「内
外の要求」に気づき, そこに「教育の真の意義」があることを再認識するので
ある。彼のいう「教育の真の意義」とは, 実は時代を越えて通じる問題提起で
あったことがわかる。

　例えば, ルソー (Rousseau, J. J., 1712 ～ 1778) は教育学的主著『エミール』
のなかで,「社会人は分母によって価値が決まる分子にすぎない」と述べてい
る。社会という分母の価値が大きいほど, 一人の人間の価値は小さくなってし
まうのが常であり, そのなかで人は自身を無価値と感じ不安や虚しさにさいな
まれることがある。ゆえにルソーは「社会人」と対極にある「自然人」につい
て次のように記している。「自然人は自分が全てである。かれは単位となる数
であり, 絶対的な整数であって自分にたいして, あるいは自分と同等のものに
たいして関係をもつだけである」。このように「自然人」は他者からの評価や
他者との比較によって揺らぐことがない。1 対 1 という対等な関係があるのみ

である。社会が多数の人間によって維持されている以上，分母のなかの分子にならざるを得ない現実はある。しかし自己を「絶対的な整数」と感じられる瞬間がその根本になければ，何かを表現し，自らを創造的に生きることはできない。乳幼児はルソーのいう「自然人」に近い存在であるため，「絶対的な整数」として生きられる瞬間を保障することもまた保育の意義である。

　ラングランがいう「教育の真の意義」やルソーのいう「自然人」としての生き方は，「自己陶冶」によるものだといえる。「自己陶冶」とは，他者とともに生きながらも自らを見つめ，よりよい人間になろうとするところに始まる。それは生から死までの生涯をかけた旅のようなものであるが，支えとなるのは比較を超えた存在の受容，すなわちいかなるときも究極的には「そのままでいい」と受け入れられる安心感である。

3　保育の理念とは

　目的とは通常，法律やきまりとして定められ，その目的を達成するために具体的な内容が示されるが，理念とはそれが正しいかどうかを検証するものである。時代や社会，そのときどきの利害関係等，向かう方向に応じて目的は大きく変化することがある。しかし理念は，それらを俯瞰的に捉え，かつ人間という共通性のもとに精選されたものである。理念とはあるべき姿ともいえるが，しかし他者から一方向的に与えられるものではない。感覚，感情，思考，意志を織り交ぜながら自分自身で選び抜かなければならないものである。それは保育においてもいえる。理念のない保育は容易に暴力的，抑圧的なものになりうるからだ。実際，理念抜きの大義名分による保育が子どもの生き生きとしたまなざし，表情を圧殺していることは今日においても少なくないのである。

　一般に，乳幼児期は教育や人格形成等の基礎として位置づけられている。このような表現は一見わかりやすいようであるが，乳幼児期に育まれたものは，成長した後，本人によってはじめて気づかれるものであることに留意しなければならない。このような，乳幼児期に育まれるものの見えにくさを自覚することが重要である。ルソーは『エミール』のなかで「人は子どもというものを知

らない」と断言する。その言葉に子どもを知ったつもりでいる人々は驚くだろう。そしてあらためて問うと，あまりに子どもを知らないことに気づくのである。だからこそルソーは徹底して「子どもを観察する」のであり，それゆえに「子どもの発見者」なのである。保育の理念とは，その子どもが感じる世界，見える世界と同じものを感じ，見ようとする大人とともにある。一般論ではなく，その子どもが「生まれてきてよかった」と感じられるように寄り添うものだといえる。

参考文献

オウエン，R.著　五島茂訳　オウエン自叙伝　岩波書店　1961
小原國芳・荘司雅子監修　フレーベル全集　玉川大学出版部　1981
ケイ，E.著　小野寺信・小野寺百合子訳　児童の世紀　冨山房　1979
金子真知子著　幼児からの発想——from infancy　三晃書房　1999
ルソー，J.J.著　小林善彦・作田啓一他訳　ルソー全集　白水社　1984

2章　日本の保育の現状と課題

1節　なぜ保育は必要なのか？──日本社会の現状から

　この節では，保育を取り巻く日本の現状を理解し，保育の必要性について考えてみよう。

1　保育を取り巻く日本社会の実情と課題

　まず，現代日本の社会事情を知り，保育や子どもを取り巻く環境についての理解を深めよう。はじめに，就労を巡る日本社会の実情を押さえよう。

　第二次世界大戦後，日本は高度経済成長（1955 ～ 1973）を遂げ，工業中心，企業中心社会となった。その際，多くの男性が企業の被雇用者（いわゆるサラリーマン）となり，一つの企業で週6日，朝から晩まで働き続けるというシス

※写真と本文の内容は直接的には関係ありません。

テムが普及していった。彼らは日中，ほとんどの時間を家から離れて仕事に費やすため，妻となった女性は家事や育児に専念する必要が生じた。そこで登場したのが専業主婦である。

　専業主婦の起源は，同じように工業化が進んでいた19世紀のイギリスである。その後，「夫は仕事，妻は家事で豊かな生活を築く」というモデルとして欧米諸国へ広がっていった。専業主婦という考え方が日本へ広がったのは，1950年代のテレビの普及により，アメリカのドラマが放映されたことがきっかけである。ドラマに登場する家族は，人々が憧れるような形で描きだされ，そのなかで専業主婦という女性の役割を日本人も知ることとなった。このように「男性が会社で働き，女性が家事・育児を担う」という，性別により役割や労働に相違があることを「性別役割分業」という。

　この「性別役割分業」に基づく家族モデルがうまく機能するためには，経済が成長し続け，すべての男性の雇用が安定しており，収入も増え続けるという前提が必要である。ただし，この前提はすでに崩壊しているため，現代では男性も女性も協力し合って，仕事と家事・育児を行いながら生活を維持していく必要性がある（山田，2013）。

　図2−1は有職者を男女別，年齢別に表した表である。昭和から平成初期の日本では，女性の就業率がM字曲線を描いている。これは結婚や出産で一時離職し，育児に手がかからなくなった頃に再び復職する女性が多かったことを示している。近年では，このM字曲線はなだらかになっており，結婚や出産を経ても働き続ける女性が多いことがわかる。

　働く人が性別によって差別されることなく，一人ひとりが十分に能力を発揮できるよう，1986（昭和61）年には，「男女雇用機会均等法」が施行された。近年では，女性だけでなく男性であっても育児休業を取得できる制度がある。しかし男性全体の約3割が育児休業を取得したい意向はあるが，事実上の取得率は依然として低いままである（図2−2）。「仕事が忙しくて取れそうもない」「職場に迷惑がかかる」「前例がない」「取得しにくい雰囲気が職場にある」「取得すると収入が減る」といった職場での体面維持や，経済的な理由

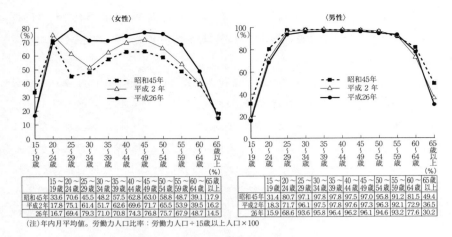

〈女性〉

〈男性〉

	15〜19歳	20〜24歳	25〜29歳	30〜34歳	35〜39歳	40〜44歳	45〜49歳	50〜54歳	55〜59歳	60〜64歳	65歳以上
昭和45年	33.6	70.6	45.5	48.2	57.5	62.8	63.0	58.8	48.7	39.1	17.9
平成2年	17.8	75.1	61.4	51.7	62.6	69.6	71.7	65.5	53.9	39.5	16.2
26年	16.7	69.4	79.3	71.0	70.8	74.3	76.8	75.7	67.9	48.7	14.5

	15〜19歳	20〜24歳	25〜29歳	30〜34歳	35〜39歳	40〜44歳	45〜49歳	50〜54歳	55〜59歳	60〜64歳	65歳以上
昭和45年	31.4	80.7	97.1	97.8	97.8	97.5	97.0	95.8	91.2	81.5	49.4
平成2年	18.3	71.7	96.1	97.5	97.8	97.6	97.3	96.3	92.1	72.9	36.5
26年	15.9	68.6	93.6	95.8	96.4	96.2	96.1	94.6	93.2	77.6	30.2

(注) 年内月平均値。労働力人口比率：労働力人口÷15歳以上人口×100

図2−1　年齢階層別労働力人口比率の推移
（社会福祉法人恩賜財団母子愛育会愛育研究所編『日本子ども資料年鑑 2016』）

両立支援制度の利用意向

	全体	男性	女性
調査数(n)	1,553	752	801
育児休業制度	50.9%	31.8%	68.9%
育児のための短時間勤務制度	48.9%	34.6%	62.3%

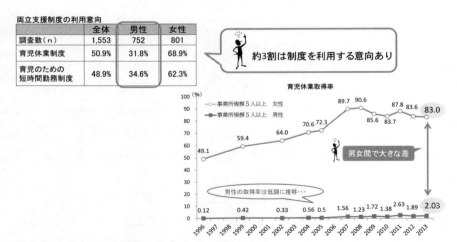

約3割は制度を利用する意向あり

図2−2　男性の育児休業取得意向と実際
（内閣府男女共同参画局ホームページ）

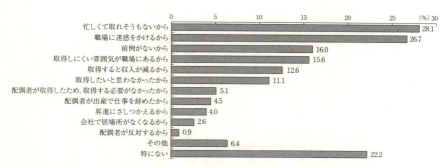

図２－３　育児休業を利用しなかった理由
（社会福祉法人恩賜財団母子愛育会愛育研究所編『日本子ども資料年鑑 2016』）

（図２－３）が男性の育児休業取得を阻んでいるといえよう。男性も女性もともに，仕事と生活の調和（ワーク・ライフ・バランス）をとりながら，一人ひとりが充実感を持って生活し，自分の望む生き方を実現できる社会にしたい。

　夫婦がともに正規従業員として就労している場合，子どもの一日当たりの保育時間は長くなる傾向にある。実際に，某都市における子どもと子育てをめぐる会議では，就労のために長時間（8～11時間）の保育を希望する保護者が増加しているとの話題があがった。これに対し，ある有識者は「長時間保育を推進したいと考えている人はいないと思う。毎日10時間以上預けたいと考えている人はおらず，あるとすれば支えられなくなっている人ではないか。こういう人達にどう手をさしのべていくのか，という観点も重要」と述べている。日本の現状では，長時間保育を利用せざるを得ない社会状況がある。このことを理解し，保護者に代わって乳幼児を保育することは，子どもやその保護者だけでなく社会全体を支える保育者の職務である。

　次に，現代の子どもを取り巻く家族問題について考えてみよう。厚生労働省の「人口動態統計」によると，2016（平成28）年の離婚件数は21万6805組である。1950（昭和25）年から離婚件数の年次推移をみてみると（図２－４），離婚件数は増加傾向にあり，そのうち20歳未満の子どもがいる家庭は各年6割程度を占めている。また，離婚の増加とともに，子どもを抱えて再婚する

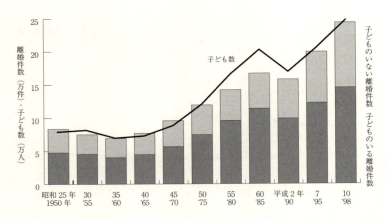

図2-4 親権を行う子の有無別にみた離婚件数と親が離婚した子どもの数の年次推移
（厚生労働省「離婚に関する統計」平成11年度版をもとに作成）

「ステップファミリー（再婚家庭）」も増えており，家族の形は多様化している。

　ひとり親世帯が抱えやすい困難の一つとして，貧困があげられる。離婚後の子どもの養育に関して，父親と母親を比較すると，母親が主な養育者として子どもと生活をともにする割合の方が高い。法律では子どもの養育に関する費用は，離婚によって子どもを監護しない（親権を持たない）親にも請求することができるが，明確な取り決めをしないまま離婚したり，支払いを拒否されたりして支払われないケースもある。また，ひとり親の就労については，仕事と家事と育児をひとりで賄うために，収入や待遇のよさよりも時間の融通が利く非正規労働を選択することもある。加えて，より多くの収入を得るために職務を掛け持ちするダブルワークやトリプルワークをこなすために，食事を作る時間がなく惣菜を購入する等，家事時間を削ることにより，支出が重なる「時間貧困」に陥ることもある。このような子どもの貧困問題は，現代日本の社会的課題となっている（内閣府，2017）。

　最後に，子どもたちが育つ場としての家庭における家族構成について知ろう。現代日本の家族構成は核家族が圧倒的に多く，拡大家族（三世代世帯）は少ない（図2-5）。家族を構成する大人の人数が少ないということは，その分，

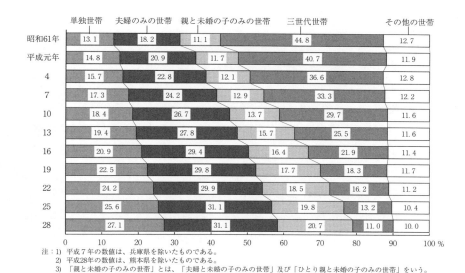

	単独世帯	夫婦のみの世帯	親と未婚の子のみの世帯	三世代世帯	その他の世帯
昭和61年	13.1	18.2	11.1	44.8	12.7
平成元年	14.8	20.9	11.7	40.7	11.9
4	15.7	22.8	12.1	36.6	12.8
7	17.3	24.2	12.9	33.3	12.2
10	18.4	26.7	13.7	29.7	11.6
13	19.4	27.8	15.7	25.5	11.6
16	20.9	29.4	16.4	21.9	11.4
19	22.5	29.8	17.7	18.3	11.7
22	24.2	29.9	18.5	16.2	11.2
25	25.6	31.1	19.8	13.2	10.4
28	27.1	31.1	20.7	11.0	10.0

注：1) 平成7年の数値は，兵庫県を除いたものである。
　　2) 平成28年の数値は，熊本県を除いたものである。
　　3) 「親と未婚の子のみの世帯」とは，「夫婦と未婚の子のみの世帯」及び「ひとり親と未婚の子のみの世帯」をいう。

図２－５ 65歳以上の者のいる世帯の世帯構造の年次推移
（総務省統計局「日本の統計2017」）

親が子どもを育てるための時間的負担，精神的負担が大きくなり，育児に対する不安感へも結びつきやすい。

２　保育を必要とする子ども

　前述した社会の状況を踏まえて，保育の必要性についてみてみよう。2017（平成29）年に厚生労働省より告示された保育所保育指針第1章「総則」1によると，保育所の役割は以下のように記載されている。

　（1）　保育所の役割
　　ア　保育所は，児童福祉法（昭和22年法律第164号）第39条の規定に基づき，<u>保育を必要とする子ども</u>の保育を行い，その健全な心身の発達を図ることを目的とする児童福祉施設であり，入所する子どもの最善の利益を考慮し，その福祉を積極的に増進することに最もふさわし

> い生活の場でなければならない。　　　　　　（下線は筆者，以下同様）

　さて，「保育を必要とする子ども」とは，具体的にはどういう子どもだろうか。2011（平成24）年に制定された「子ども・子育て支援法」19条および20条によると，「保育を必要とする子ども」とは，「保護者の労働又は疾病その他の内閣府令で定める事由により，家庭において必要な保育を受けることが困難である」子どものことである。その詳細については各市区町村（以下，市町村）が「保育の必要性の認定基準に関する条例」等として定めている。

　表2－1は，2017（平成29）年度に名古屋市が規定した「保育を必要とする子ども」である。これによると名古屋市で保育所保育を利用しようとする際，保育の必要性があると認定されるのは，次の①②の資格をすべて満たす場合である。

①名古屋市民であること
②保護者のいずれも表2－1の条件（保育の必要な事由）に該当すること

　2015（平成27）年の「子ども子育て支援新制度」施行により，保育の実施主体は市町村となった。さらに2017（平成29）年には「子ども・子育て支援法」が改正され，多くの市町村ではこれまで保育の対象としてきた子どもの範囲が広がることとなった。このように「保育を必要とする子ども」には，現代社会の多様な就労形態，家族構成，地域により異なる社会事情等が反映されている。

　また，表2－2は制度変更前の保育必要性認定事由である。新制度と比較してみよう。どんなことに気づくだろうか。

　例えば，旧制度では，夜間労働を常態としている保護者の子どもは昼間に保育所を利用することはできるのだろうか？　新制度では可能だろうか？　時代は変遷するものであり，保育を必要とする子どもたちが皆，平等に保育を受けられるよう，制度は常に見直して改善していくものである。

　それぞれの市町村が掲げている「保育を必要とする子ども」の事由を調べて紹介し合ってみよう。例えば都市部と過疎地域の違いや，居住している市町村

表2－1　名古屋市の規定「保育を必要とする子ども」
（名古屋市公式 Web サイト「平成 29 年度保育所等の利用申込み手続きについて」）

保育の必要な事由	具体的な保護者の状況	利用期間
就労	月 64 時間以上，労働をすることを常態としていること	最長で，お子さんの小学校就学前日までの期間内で左の状態が継続すると見込まれる期間まで
産前産後	出産予定日 8 週間前（多胎妊娠の場合は，14 週間前）の日から出産日後 8 週間を経過するまでの期間内にあること	出産日から 8 週間経過する日の翌日が属する月の末日まで
疾病等	医師が作成した診断書により保護者の疾病もしくは負傷が確認できる状態にあること，または，右に掲げる手帳の交付を受けていること	1　身体障害者手帳，愛護手帳，精神障害者保健福祉手帳を所持している場合は，お子さんの就学前日まで 2　その他の場合は，医師等の作成した診断書に記載されている終期まで
親族介護	1 日につきおおむね 4 時間以上同居の親族その他の者を介護することを常態としていること	1　身体障害者手帳，愛護手帳，精神障害者保健福祉手帳を所持している場合は，お子さんの就学前日まで 2　その他の場合は，医師等の作成した診断書に記載されている終期まで
災害復旧	自宅及びその近隣地域内の災害の復旧にあたっていること	災害の復旧が完了すると見込まれる期間まで
求職活動	就労する意思があり，求職活動に専念していること	利用開始日から 90 日を経過する日が属する月の末日まで
就学	1 日につきおおむね 4 時間以上，職業能力開発施設において職業訓練を受け，又は学校教育法に基づく大学，短期大学，高等学校などにおいて就学していること	卒業（修了）の予定日が属する月の末日まで
発達援助	心身に発達の遅れのあるお子さんを監護しており，そのお子さんの障害の程度が別に定める基準を満たしていること	お子さんの小学校就学前日まで
育児休業	下の子の育児休業中で上の子について家庭で保育をしている場合，上の子が 4 月 1 日において満 3 歳（4 月 2 日生まれの場合，満 4 歳）以上であること	育児休業終了日の属する月の末日まで

表2-2 「保育に欠ける子ども」
（「児童福祉法」1948（昭和23）年施行より作成）

就労	昼間労働を常態としていること
妊娠・出産	妊娠中であるか又は出産後間がないこと
保護者の疾病・障害	疾病にかかり，若しくは負傷し，又は精神若しくは身体に障害を有していること
同居親族の介護	同居の親族を常時介護していること
災害復旧	震災，風水害，火災その他の災害の復旧に当たっていること
その他	これらに類する状態にあること

や就職したい，いつか住んでみたいと考えている市町村について調べてみてもいいだろう。

2節　多様な保育ニーズの現状と課題

　ここでは，社会の実情に応じて行われている多様な保育について学ぼう。保育所保育以外の保育についても知識を持ち，さまざまな条件で保育を必要としている子どもたちと保護者について理解を深めよう。

1　病児・病後児保育

　病児・病後児保育とは，保護者の就労等により，子どもが病気の際に自宅での保育が困難な場合，病院・保育所等において病気の子どもを一時的に保育したり，病気の子どもの自宅に訪問して保育を行ったりする保育方法である。

　実施主体は市町村だが，市町村が認めた者へ委託等を行うこともできる。事業類型は表2-3のとおりである。

　病児・病後児保育という制度のない国もある。なぜなら，子どもが病気の際には，親が仕事を休める制度や社会風潮が整っているからである。例えばスウェーデンでは子ども1人につき年間60日までの病児休暇を取得でき，個人や家族の権利を守るために1家庭当たり480日間の有給休暇を取得することが

表2-3　病児・病後児保育事業類型
（厚生労働省「病児保育実施要項」，2015 より作成）

事業類型	対象児童と対象期間	保育場所
病児対応型	児童が病気の回復期に至らない場合かつ当面の症状の急変が認められない場合	病院・診療所・保育所等に付設された専用スペース又は本事業のための専用施設
病後児対応型	児童が病気の回復期でありかつ集団保育が困難な期間	病院・診療所、保育所等に付設された専用スペース又は本事業のための専用施設
体調不良児対応型	児童が保育中に微熱を出すなど体調不良となった場合	安心かつ安全な体制を確保することで，保育所等における緊急的な対応を図る事業及び保育所等に通所する児童に対して保健的な対応等を図る
非施設型（訪問型）	回復期に至らない場合又は回復期でありかつ集団保育が困難な期間	当該児童の自宅において一時的に保育を行う

できる。

2　夜間・休日・一時保育

　保護者の就労状況等により，夜間保育を必要とする子どももいる。2000（平成12）年，厚生労働省は「夜間保育所の設置認可等について」の指針を示した。そのなかで，夜間保育所の設置主体は，「生活面への対応や個別的な援助がより一層求められることから，児童の保育に関し，長年の経験を有し，良好な成果をおさめているもの」であることや，設備に関しても「仮眠のための設備及びその他夜間保育のために必要な設備，備品を備えていること」等が定められている。名古屋市では，都市中心部に夜間保育を行っている認可保育所が4カ園ある（2017年現在）（図2-6）。夜間保育所では夕食や入浴など子どもたちの生活を支えるとともに，夜型になりがちな子どもたちの生活リズムを整えること，支援が必要な保護者に寄り添うこと等，社会的な養護が期待されている（図2-7）。

　また，名古屋市では保護者の突発的な病気や事故，または急な残業や出張，

自園調理の給食は作りたてでほかほか。子どもたち自身が調理することもある。宗教による食事制限にも配慮している

夕食の後はお風呂へ。入浴は子どもの体調を考慮し，保護者とも連絡を取り合いながら行う

夜は歯をみがき，パジャマに着替えて畳の部屋で仮眠をとる。深夜1時のお迎えに，眠ったまま帰路につく子も

園舎入口付近。特殊な屋外電灯で夜間も園庭を明るく照らすことができる。ビル内にあるため園庭は砂地ではないが、柔らかいゴム素材になっており、砂場や大型固定遊具も設定してある

図2−6　夜間保育所
（写真提供：栄夜間保育園・かわらまち夜間保育園）

育児不安などで緊急かつ一時的に家庭で保育できない場合，24時間365日認可保育所において保育を行う「24時間緊急一時保育モデル事業」も行っている。他にも保育所入所の対象とならない子どもに対しても，保護者が育児に新

時間	生活の流れ	
11：00	開所	好きな遊び
12：00	昼食	
13：00	午睡	絵本の読み聞かせ
15：00	間食	
		散歩や製作活動など
17：00		
18：00	夕食	
		好きな遊び
20：00	入浴	降園準備，就寝準備
21：00	就寝	歯みがき
		順次，降園
		眠ったまま帰宅する子も
1：00	閉所	

屋外では虫探しや鬼遊びに夢中。年齢に合わせた活動も行う。活動内容は子どもたちと話し合って決める

生活面では家庭の雰囲気を大切に。花火を観たり，お月見したり，夜の散歩へ出かけるのは夜間保育ならでは

図２−７　夜間保育所の一日
（資料提供：かわらまち夜間保育園）

たな気持ちで取り組めるようにするためのリフレッシュ保育や，週３日以内の保育所利用を希望する場合に非定型保育を利用できる制度もある。

　このように，保育の需要内容は地域によっても異なるため，それぞれの地域に合った実情に応じて制度を整えていく必要がある。

３　就学後の保育──放課後児童健全育成事業

　子どもが小学校へ進学すると，それまで長時間保育や休日・夜間保育を利用してきた保護者にとっては，学校教育前後の保育時間確保に困難が生じることもある。例えば，前述の夜間保育所では深夜１時まで保育を行っており，子どもたちは生活リズムの整った保育所という環境で生活できる。しかし，就学後は放課後から保護者の帰宅まで空白の時間が生じることとなる。また，早朝６時半からの保育を必要としていた子どもにとっては，学校の始業前に空白の時間が生じ，土日祝日等休日保育を利用していた場合にも同様の問題がある。

　こういった問題を解決するために，厚生労働省では，児童福祉法第６条の３第２項の規定に基づいて，「放課後児童健全育成事業」を行っている。この事業は小学校に就学している児童で，保護者が労働等により昼間家庭にいない

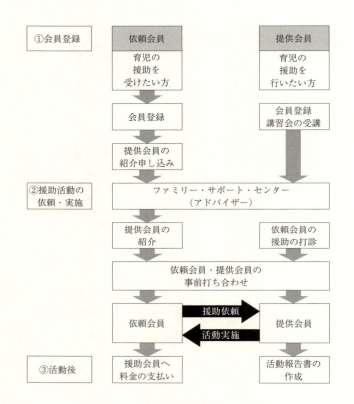

図２－８ ファミリーサポートセンターの仕組み
（厚生労働省「ファミリーサポートセンターパンフレット」，2016 より作成）

子どもを対象にしており，授業の終了後等に小学校の余裕教室や児童館等を
利用して適切な遊びおよび生活の場を確保するという目的で保育が行われて
いる。2016（平成28）年，厚生労働省雇用均等・児童家庭局総務課少子化総
合対策室の調べによると，このような施設は全国に2万3619カ所あり，登録
している児童の数は109万3085人にのぼる。実施主体が市町村のいわゆる公
営の施設が8735カ所，社会福祉法人，父母会等が実施している民営の施設が
1万4884カ所となっている。また，「放課後子供教室（東京都品川区）」「トワ
イライトスクール（名古屋市）」というように各市町村により名称は異なるが，

放課後の児童に対して安心・安全な遊び場を無償もしくは低額で提供する事業
も行われている。

　放課後のみならず，早朝や夜間，祝日に保育が必要となる場合には，ファミ
リーサポートという制度もある（仕組みに関しては図2−8参照）。これは子
育てを援助してもらいたい「依頼会員」と，子育てを援助したい「提供会員」
が，アドバイザーの仲介や紹介を経て，必要とする援助を受けられる仕組みに
なっている。「提供会員」は保育士資格を所持している必要はなく，数時間の
講習を受講するだけで登録が可能である。

4　就園前の保育──子育て支援センター

　日本では3歳未満児の約65％が家庭で保育されている（2015（平成27）年
度子ども資料年鑑より算出）。核家族，地域とのつながりが希薄な子育て環境
から，親の孤立感や育児に対する不安感，負担感は大きい。そこで厚生労働省
は「地域子育て支援拠点事業」として市町村を実施主体として子育て支援セン
ター（図2−9）等を設置し，保育士や子育てに関する知識・経験のある者を
配属している。就園前の子どもと保護者に対して遊びの場を提供することによ
り，子育て中の親子が交流を深める場となり，ときには育児に関する不安も話
せる場となっている。

5　待機児童問題と過疎地域の保育（へき地保育所）

　「保育を必要とする子ども」であって，保護者が保育所入所を希望していて
も，定員に空きがないため入所することができず，入所待機せざるを得ない
場合がある。このような保育問題を待機児童問題という。待機児童は都市近
郊地域に多く，名古屋市や横浜市，札幌市等で深刻な問題となり，各自治体が
地域の実情に応じて問題を解消すべく対策を講じている。また，厚生労働省は
2013（平成25）年に「待機児童解消加速化プラン」を実施した。これは保育
の質は確保したまま，賃貸方式や国有地を活用して保育所を整備・増設したり，
保育士の資格取得や継続雇用に尽力して保育士を確保したり，幼稚園で行われ

←同じ空間で同じ遊び（パズル）をしな
がら交流を深める親子

子育て支援センターの職員（保育士）→
による絵本の読み聞かせや体操等の活動

図２－９　子育て支援センター
（写真提供：春日井市子育て支援センター）

ている預かり保育を支援することにより保育の必要性に応えようとする計画で
ある。また，待機児童問題とは相反して，人口の少ない過疎地域では保育所を
設置・運営することが難しくなっている。なかには休園や統廃合を余儀なくさ
れる園もある。

　このように，保育の必要性が多様化したことにより，保育形態は多岐にわ
たっている。保育者の専門性は子どもの発達を促進する，子どもたちの主体的
な遊びを展開して心情・意欲・態度を育むスペシャリスト（専門的知識を有す
る者）だけにとどまらず，保護者を支援することや，保護者と子どもと地域を
つなぐジェネラリスト（幅広い知識を有する者）としての役割が期待されてい
る。

引用文献

OECD 編著　OECD 保育白書──人生の始まりこそ力強く：乳幼児期の教育とケア
　　（ECEC）の国際比較　明石書店　2011

厚生労働省　平成 28 年人口動態統計月報年計（概数）の概況　2017
厚生労働省都道府県労働局雇用環境・均等部（室）　男女雇用機会均等法のあらまし
　　（http://www.mhlw.go.jp/stf/seisakunitsuite/bunya/0000087600.html）（2017 年
　　8 月 31 日閲覧）
内閣府　子供の貧困に関する新たな指標の開発に向けた調査研究報告書　2017
内閣府男女共同参画局　共同参画　2013 年 6 月号
名古屋市役所ホームページ　平成 29 年度保育所等の利用申込み手続きについて
　　（http://www.city.nagoya.jp/kodomoseishonen/page/0000086779.html）（2017 年
　　8 月 31 日閲覧）
保育研究所編集　ポイント解説 子ども・子育て支援新制度——活用・改善ハンドブッ
　　ク　ひとなる書房　2015

3章　保育制度の現状・課題

1節　保育所・幼稚園・幼保連携型認定こども園の共通点と　その特徴

1　共通点

　2017（平成29）年3月に，幼稚園教育要領，保育所保育指針，幼保連携型認定こども園教育・保育要領が同時に改訂された（保育所保育指針は改定）。この改訂（定）は何を意味するのであろうか。

　今回の改訂（定）によって，「教育」の部分が整合性をもって「子どもがどの施設に通っても，質の高い幼児教育・保育をめざすということがはっきりした」（砂上，2017）と指摘される。すなわち，保育所・幼稚園・認定こども園の3つの施設において，共通して「質の高い幼児教育・保育をめざす」ことに

※写真と本文の内容は直接的には関係ありません。

より，すべての子どもが質の高い幼児教育・保育を受けられるという理念である。

　例えば，保育所は児童福祉施設であるが，新保育所保育指針では「体裁を可能な限り幼稚園教育要領，幼保連携型認定こども園教育・保育要領の形式に近づけるということ」があった（汐見，2017）ように，幼児教育を積極的に位置づけた。

　また，新たに3つの指針・要領には，学習指導要領が育成を目指す「3つの資質・能力」（知識・技能の基礎，思考力・判断力・表現力等の基礎，学びに向かう力・人間性等）と，「幼児期の終わりまでに育ってほしい姿」が示された。

　「幼児期の終わりまでに育ってほしい姿」は10の項目からなる。それらは「健康な心と体，自立心，協同性，道徳性・規範意識の芽生え，社会生活との関わり，思考力の芽生え，自然との関わり・生命尊重，数量や図形，標識や文字などへの関心・感覚，言葉による伝え合い，豊かな感性と表現」である。このことにより，幼児教育が目指すものや，幼児教育を通して子どもたちが身につけていくものが示されて，小学校への接続を強めることになると考えられる。小学校の先生に，より幼児教育を理解してもらうことが期待されている。

　さらに今回の改訂（定）により，「非認知能力」や「社会情動的スキル」という言葉が新たに出てきた。「非認知能力」には，「失敗してもすぐにあきらめない，考え方・やり方を何度も工夫する力，あるいは，自分に対する信頼感や，失敗しても大丈夫という楽観性などが含まれている」（汐見，2017）。そのため，これまでの保育所保育指針で「心情・意欲・態度」の育ちを高く評価してきたことに通じるものである。

2　保育所と幼稚園

　保育所保育指針には，保育所の役割について次のように書かれている。

第1章　総則

1 保育所保育に関する基本原則

(1) 保育所の役割

ア 保育所は，児童福祉法（昭和 22 年法律第 164 号）第 39 条の規定に基づき，保育を必要とする子どもの保育を行い，その健全な心身の発達を図ることを目的とする児童福祉施設であり，入所する子どもの最善の利益を考慮し，その福祉を積極的に増進することに最もふさわしい生活の場でなければならない。

　すなわち保育所は，日々保護者の委託を受けて，保育を必要とするその乳児または幼児を保育することを目的とする児童福祉施設であり，市町村は保護者から，労働や疾病等を理由に保育所入所の申し込みがあった子どもについて，保育所に入所させ，保育する義務を負っている。児童福祉施設最低基準によって配置が定められている職員は保育士，嘱託医および調理員だが，栄養士，看護師，事務職員，用務員等をおく施設もある。認可保育所は「児童福祉施設の設備及び運営に関する基準」を満たしており，都道府県の認可を受けて，保育士が保育所保育指針を基準として運営している。

　厚生労働省によれば，全国に 2 万 3533 カ所の認可保育所があり，認可保育所を利用する子どもは 233 万人いる。また待機児童数は 2 万 3167 人で，85.9%が 0 〜 2 歳児である（2015 年 4 月 1 日）。

　新保育所保育指針では，「ねらい及び内容」を幼稚園・保育所・認定こども園で可能な限り一致させることとなったため，「内容の取扱い」という項が設定され，「教育要領」と同じように載せられた。

　幼稚園は，学校教育法で規定された学校の一つであり，幼稚園教諭が幼稚園教育要領に基づき幼児教育を行っている。幼稚園教育要領には，幼稚園教育の基本として次のように書かれている。

第 1 章　総則

　第 1　幼稚園教育の基本

> 　幼児期の教育は，生涯にわたる人格形成の基礎を培う重要なものであり，幼稚園教育は，学校教育法に規定する目的及び目標を達成するため，幼児期の特性を踏まえ，環境を通して行うものであることを基本とする。

　少子化に伴い，幼稚園の園数や園児数は減少しており，近年は認定こども園に移行する園も増えている。

　保育所・幼稚園・認定こども園の比較は，表3－1のとおりである。

3　幼保連携型認定こども園

　幼保連携型認定こども園は，就学前の子どもに対する「教育及び保育」「子育ての支援」を総合的に提供する施設であり，在園時間や在園期間が異なる多様な子どもがいるという特徴がある。幼保連携型認定こども園教育・保育要領には，次のように書かれている。

> 第1章　総則
> 　第1　幼保連携型認定こども園における教育及び保育の基本及び目標等
> 　　　乳幼児期の教育及び保育は，子どもの健全な心身の発達を図りつつ生涯にわたる人格形成の基礎を培う重要なものであり，幼保連携型認定こども園における教育及び保育は，就学前の子どもに関する教育，保育等の総合的な提供の推進に関する法律（平成18年法律第77号。以下「認定こども園法」という。）第2条第7項に規定する目的及び第9条に掲げる目標を達成するため，乳幼児期全体を通して，その特性及び保護者や地域の実態を踏まえ，環境を通して行うものであることを基本とし，家庭や地域での生活を含めた園児の生活全体が豊かなものとなるように努めなければならない。

　幼保連携型認定こども園は，「就学前の子どもに関する教育，保育等の総合

表3－1　保育所・幼稚園・幼保連携型認定こども園

	保育所	幼稚園	幼保連携型認定こども園
所管	厚生労働省	文部科学省	内閣府，厚生労働省，文部科学省
根拠法令等	児童福祉法	教育基本法・学校教育法	児童福祉法・教育基本法・学校教育法・認定こども園法
設置主体	制限なし（主に市区町村・社会福祉法人）	国・自治体・学校法人等	国・自治体・学校法人・社会福祉法人
設備・運営の基準	児童福祉施設の設備及び運営に関する基準	幼稚園設置基準	幼保連携認定こども園の学級の編成，職員，設備及び運営に関する基準
対象	保育を必要とする0～5歳（一部，放課後の小学生を受け入れる園もあり）	3～5歳（2歳児の保育を実施している園もあり）	保育を必要とする・しないにかかわらず0～5歳
保育・教育の基準	保育所保育指針	幼稚園教育要領	幼保連携型認定こども園教育・保育要領
従事する者	保育士・嘱託医（調理員）等	幼稚園教諭（1種・2種・専修）園長・教頭・学校医等	保育教論（保育士資格と幼稚園教諭免許の両方を持つ者）園長・教頭・学校医（調理員）等
開所（園）日数	規定なし（設置の目的から長期の休みは設けず約300日）	39週以上	保・幼それぞれに準じる
保育・教育時間	8時間（原則。夜間保育を実施する園もあり）	4時間（預かり保育を実施する園もあり）	入所児童に応じて決定する
配置基準	0歳児－3対1 1・2歳児－6対1 3歳児－20対1 4・5歳児－30対1	35対1（1学級35人以下）	0～2歳児は保育所，3～5歳児は幼稚園の基準に準じる

的な提供の推進に関する法律（認定こども園法）」により，在園及び地域の保護者に対する子育ての支援が義務づけられていることに留意しなければならない。在園している保護者への支援では，子どもや保護者のニーズはさまざまで

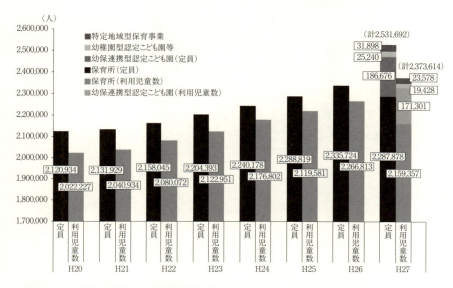

図3-1　保育所等利用児童数等の状況
(厚生労働省「保育所等関連状況取りまとめ」(平成27年4月1日))

あり，生存や生命に関わる基本的なものから，成長や発達，そして生活のなか
で個人的な欲求から生じてくる社会的なものまで，多様なかたちで現れる（角
田，2012）。そのため，送迎時や連絡帳での保護者とのやりとり，行事等での
子どもと保護者との関わりを通して，保護者のニーズの把握に努めることが求
められる。

　さらに，保護者が健やかな状態を維持して，悩みが重大な問題とならないよ
うにする支援の「予防」的機能が重視される。具体的に保育教諭等が保護者と
の日常的なやりとり等のなかで悩みに気づいたり，保護者をさりげなく支える
ような声かけをしたりなどの，きめ細やかな，保護者の安心感につながる支援
が望まれるのである（無藤，2017b）。地域の保護者に対する子育て支援では，
地域のさまざまな関係機関との連携強化を図ることで，園全体の体制構築にも
つながる。

　「保育所等利用児童数等の状況」（図3-1）を見ると，2015（平成27）年か

ら幼保連携型認定こども園は利用され，2016年4月1日現在，認定こども園は全国に4001カ所あり，2015年の2836カ所から増加した。さらに今後，認定こども園が増えていくことが予想される。

2節　地域子育て支援事業

「子ども・子育て支援法」は2012（平成24）年に公布された。その目的は次のように書かれている。

第一章　総則

（目的）

第一条　この法律は，我が国における急速な少子化の進行並びに家庭及び地域を取り巻く環境の変化に鑑み，児童福祉法その他の子どもに関する法律による施策と相まって，子ども・子育て支援給付その他の子ども及び子どもを養育している者に必要な支援を行い，もって一人一人の子どもが健やかに成長することができる社会の実現に寄与することを目的とする。

内閣府のホームページによれば，子ども・子育て支援は，保育・教育施設を利用する子どもの家庭だけでなく，在宅の子育て家庭を含むすべての家庭及び子どもを対象としており，市町村が地域の実情に応じて実施している。

さらに，「子ども・子育て支援新制度」（2016年）によって，事業所内保育の整備やベビーシッターの派遣サービス等，働きながら子育てがしやすい環境づくりを行う企業にも支援する。この新制度では，新たに「地域型保育」ができた。「地域型保育」とは，保育所（原則20人以上）より少人数の単位で，0～2歳の子どもを保育する事業であり，共働き世帯や親族の介護などの事情で，家庭で保育のできない保護者が利用できる。「地域型保育」の4つのタイプは

表3－2　地域型保育の4つのタイプ
（内閣府）

家庭的保育（保育ママ）	家庭的な雰囲気のもとで，少人数（定員5人以下）を対象にきめ細かな保育を行う
小規模保育	少人数（定員6～19人）を対象に，家庭的保育に近い雰囲気のもと，きめ細かな保育を行う
事業所内保育	会社の事業所の保育施設などで，従業員の子どもと地域の子どもを一緒に保育する
居宅訪問型保育	障害・疾患などで個別のケアが必要な場合や，施設がなくなった地域で保育を維持する必要がある場合などに，保護者の自宅で1対1で保育を行う

表3－2のとおりである。

3節　社会的養護について

　社会的養護とは，施設養護（乳児院，児童養護施設等）と家庭的養護（里親委託，ファミリーホーム委託等）がある。乳児院には2歳以下の子どもが入所し，児童養護施設では2～18歳までの子どもが入所している。ここでは特に，児童養護施設と里親について見ていく。

1　児童養護施設

　児童養護施設は，虐待などによって親とともに生活できなくなった2～18歳までの子ども（特に必要な場合は0～2歳までの乳児を含む）の養育を行う居住型の児童福祉施設である。1998（平成10）年の児童福祉法改正で，自立支援が目的に位置づけられ，その名称に「児童」が加わった。また近年，退所した者への相談支援を行うことが目的に付加された（山田，2008）。

　厚生労働省の「児童養護施設入所児童等調査結果の概要」（平成25年2月1日調査実施）によると，児童養護施設の入所児童数は2万9979人（うち，中学3年以上の年長児童8412人）であり，虐待を受けて入所した児童の割合

表3－3 児童の状況

(厚生労働省「児童養護施設入所児童等調査結果の概要」 平成25年2月1日調査実施)

	児童総数	性　　別		平均年齢	委託(入所)時の平均年齢	平均委託・在所期間
		男	女			
里親委託児	4,534人 (3,611)	2,291人 (1,817)	2,234人 (1,790)	9.9歳 (9.3)	6.3歳 (5.5)	3.9年 (3.9)
養護施設児	29,979人 (31,593)	16,108人 (16,908)	13,685人 (14,555)	11.2歳 (10.6)	6.2歳 (5.9)	4.9年 (4.6)
情緒障害児	1,235人 (1,104)	721人 (641)	506人 (462)	12.7歳 (12.4)	10.6歳 (10.6)	2.1年 (1.9)
自立施設児	1,670人 (1,995)	1,185人 (1,355)	481人 (622)	14.1歳 (14.2)	13.1歳 (13.1)	1.0年 (1.1)
乳児院児	3,147人 (3,299)	1,665人 (1,826)	1,467人 (1,467)	1.2歳 (1.2)	0.3歳 (0.3)	1.2年 (1.1)
母子施設児	6,006人 (6,552)	3,059人 (3,257)	2,931人 (3,272)	7.4歳 (7.3)	5.2歳 (5.2)	＊ (＊)
ファミリーホーム児	829人 (＊)	443人 (＊)	382人 (＊)	11.2歳 (＊)	8.4歳 (＊)	2.9年 (＊)
援助ホーム児	376人 (＊)	180人 (＊)	196人 (＊)	17.5歳 (＊)	17.0歳 (＊)	0.9年 (＊)

注)　(　)は前回調査。＊は調査項目としていない。児童総数には性別不詳を含む。

は約6割で，心身の状況については障害等ありが約3割であった（表3－3）。入所時の平均年齢は6.2歳であった。

　養護施設児の養護問題発生理由としては，「父または母の虐待・酷使」が18.1％と最も多く，次いで「父または母の放任・怠だ」が14.7％であった。入所時の保護者の状況は，約8割に両親またはひとり親がいるが，入所後に約2割は家族との交流がなかった。そのため，指導上留意している点については「心の安定」や「家族との関係」があげられた。児童の今後の見通しとしては，養護施設児では「自立まで現在の児童養護施設で養育」が55.1％で，「保護者のもとへ復帰」は27.8％であった。

　虐待を行う家庭の状況にあるものとして，そのトップが「ひとり親家庭」となっており，次が「経済的困難」，そして「親族，近隣からの孤立」と続き，「貧しさ」と「孤立」が虐待を引き起こしているといえる（山田，2008）。

2　里親

　毎年10月は「里親月間（里親を求める運動）」と位置づけられ，広報啓発が実施されている。厚生労働省のホームページにおける「里親制度等について」によれば，「里親制度は，家庭での養育が困難または受けられなくなった子ども等に，温かい愛情と正しい理解をもった家庭環境の下で養育を提供する制度」であり，「家庭での生活を通じて，子どもが成長する上で極めて重要な特定の大人との愛着関係のなかで養育を行うことにより，子どもの健全な育成を図る有意義な制度」である。里親の種類には「養育里親」と「親族里親」があり（表3－4），里親になるまでには児童相談所の職員による家庭訪問や，里親制度に関する研修を受講する必要がある（図3－2）。

　前述した「児童養護施設入所児童等調査結果の概要」によると，里親委託児童は4534人であり，委託時の平均年齢は6.3歳であった。就学状況については，「就学前」が最も多く，約3割であった。指導上留意している点については，児童養護施設と共通して「心の安定」があったが，次いで「里親との関係」が約4割となっていた。

　里親委託児の場合には，養護問題発生理由として「養育拒否」が16.5％と最も多く，次いで「父または母の死亡」が11.4％であった。里親委託時の保護者の状況は「両親または一人親あり」が52.2％で，家族との交流は約7割が「交流なし」であった。また，児童の今後の見通しとして，里親委託児では「自立まで現在の里親家庭で養育」が68.5％で，「保護者のもとへ復帰」は約1割となっていた。さらに，委託されている里親家庭数は3481世帯であり，5年前の調査より32.6％増えた。里親申し込みの動機別では，「児童福祉への理解から」が43.5％，「子どもを育てたいから」が30.7％，「養子を得たいため」が12.5％であった。委託児童数は「1人」が74.3％で，「2人」19.1％，「3人」5.1％，「4人」1.5％となった。里親の年齢は「50歳代」が里父・里母合わせて31.9％と最も多く，「60歳以上」が29.6％であった。

表3－4 地域型保育の4つのタイプ
（厚生労働省「里親制度等について」）

種類	養育里親		養子縁組を希望ずる里親	親族里親
		専門里親		
対象児童	要保護児童	次に揚げる要保護児童のうち，都道府県知事がその養育に関し特に支援が必要と認めたもの 1. 児童虐待等の行為により心身に有害な影響を受けた児童 2. 非行等の問題を有する児童 3. 身体障害，知的障害又は精神障害がある児童	要保護児童	次の要件に該当する要保護児童 1. 当該親族里親に扶養義務のある児童 2. 児童の両親その他当該児童を現に監護する者が死亡，行方不明，拘禁，入院等の状態となったことにより，これらの者により，養育が期待できないこと

①相談
里親制度について詳しくご説明いたします。里親について
ご理解いただきましたら、ご家族同意の上でお申し込みください。

②調査・研修
児童相談所の担当職員が家庭訪問し，調査を行います。
その間，里親制度等に関する研修を受講していただきます。

③審査・登録
児童福祉審議会等での審議を経て里親として認定されると，
里親名簿に登録されます。

④更新
養育里親・養子縁組里親は5年，専門里親は2年ごとに
更新研修を受講していただきます。

図3－2 里親になるまでの流れ
（厚生労働省「里親制度等について」をもとに作成）

4節　まとめ

　本章では，保育制度について見てきたが，少子化や核家族化，共働き家庭や
ひとり親家庭の増加といった社会の変化に伴って，制度が変化していることが
わかる。また，虐待の増加に伴い，施設養護や家庭的養護といった社会的養護
についてもますます注目せざるを得なくなっている。

　このように時代の流れに合わせて保育制度は変わっており，保育者はその変
化を理解して，保育者が求められる役割に応じていくことが求められる。

引用・参考文献

角田雅昭　「53　子どもや利用者のニーズを理解する」　藤田雅子編　保育イエロー
　　カード100──「べからず」事例とその対応　学文社　2012
神長美津子　「新しい『幼稚園教育要領』は？」　保育ナビ　第8巻第1号　2017
汐見稔幸　「新しい『保育所保育指針』は？」　保育ナビ　第8巻第1号　2017
実方伸子　「保育の場からみる子どもの貧困」　浅井春夫・松本伊智朗・湯澤直美編
　　子どもの貧困──子ども時代のしあわせ平等のために　明石書店　2008
砂上史子　「解説『保育所保育指針』『幼稚園教育要領』『認定こども園教育・保育要領』
　　改訂のポイント」　新幼児と保育　小学館　2017
無藤隆　「新しい幼保連携型認定こども園教育・保育要領は？」　保育ナビ　第8巻
　　第1号　2017a
無藤隆　「幼保連携型認定こども園教育・保育要領」　無藤隆・汐見稔幸・砂上史子
　　編　ここがポイント！3法令ガイドブック──新しい「幼稚園教育要領」「保育
　　所保育指針　幼保連携型認定こども園教育・保育要領」の理解のために　フレー
　　ベル館　2017b
山田勝美　「児童養護施設における子どもの育ちと貧困」　浅井春夫・松本伊智朗・
　　湯澤直美編　子どもの貧困──子ども時代のしあわせ平等のために　明石書店
　　2008

4章 幼稚園教育要領，保育所保育指針，幼保連携型認定こども園教育・保育要領と発達過程を踏まえた保育

　本章では，幼稚園，保育所，認定こども園において保育の基本を示した幼稚園教育要領，保育所保育指針，幼保連携型認定こども園教育・保育要領の成り立ちや構造，共通となる考え方を理解し，社会の変化に応じて改訂（定）されてきた歴史的変遷とその背景を学ぶ。明日の保育実践につながる子どもの発達や子どもを捉える視点について理解し，今日の保育実践の課題や意義について探っていきたい。

　各施設の設置基準や所管省庁，資格・免許，対象年齢や保育時間など，制度上の違いがあり，幼稚園教育要領，保育所保育指針，幼保連携型認定こども園教育・保育要領の依拠する法律は異なっている。使用される語句，専門用語等を見ても，異なる表現がみられるのはそのためであり，保育・教育内容にはそれぞれの施設の持つ理念や目標，独自の特徴や機能がある。しかし，その対象

※写真と本文の内容は直接的には関係ありません。

とする子どもの成長や発達理論に基づいて行われる必要な保育実践には，各施設の持つ独自性だけでなく共通性がある。2017（平成 29）年現在，幼稚園教育要領，保育所保育指針，幼保連携型認定こども園教育・保育要領が同時に告示され，2018（平成 30）年 4 月 1 日から実施されるが，その保育内容はより一層の整合性を図りつつ改訂（定）されている。ここでまず，成立の過程や改訂（定）の歴史的流れを簡単に整理し，理解しよう。

1節　幼稚園教育要領，保育所保育指針，幼保連携型認定こども園教育・保育要領の変遷

1　成立の歴史

明治 32 年の「幼稚園保育及設備規定（省令）」，大正 15 年の「幼稚園令（勅令）」を経て，戦後 1948（昭和 23）年に『保育要領−幼児教育の手びき−』が文部省によって編集刊行された（表 4 − 1，表 4 − 2）。この『保育要領』は，第二次世界大戦後，民間情報教育局ヘレン・ヘファナン（Heffernan, H）が提示した概要（Suggestion for Care and Education in Early Childhood）に基づき，当時の文部省によって刊行されたものである。幼稚園教育の目標や方法を扱っているが，そのほかに保育所・託児所等の施設，一般の家庭をも対象とし，幼児の特質を踏まえて幼児に最もふさわしい環境を整え，成長発達を助ける実際の工夫が習熟できるわかりやすい手引書となるようにという意図を含んでいる。その保育内容は「楽しい経験」とし，12 項目にわたる。前書きの一文には，「本書はこれらの人びとのためにできるだけ役立つように編集されたものであり，同時に母親たちにもその育児について貴重な参考となることを信じている」とあり，現代と異なる当時の育児の状況や情報の普及をうかがわせる資料といえるだろう。

その後，1956（昭和 31）年に『保育要領』を改訂した『幼稚園教育要領』が刊行され，以降，平成 29 年告示で第 5 次改訂に至る。その変遷のなかで，

表4－1 幼稚園教育要領・保育所保育指針・幼保連携型認定こども園教育・
保育要領の変遷

	幼稚園教育要領	保育所保育指針	幼保連携型認定こども園 教育・保育要領
昭和23（1948）年	保育要領（文部省 編集）		
昭和31（1956）年	幼稚園教育要領 （文部省編集）		
昭和38（1963）年	両省局長通知 （「幼稚園と保育所との関係について」）		
昭和39（1964）年	幼稚園教育要領 （文部省告示）		
昭和40（1965）年		保育所保育指針 （厚生省編集）	
平成元（1989）年	幼稚園教育要領 （文部省告示）		
平成2（1990）年		保育所保育指針 （厚生省編集）	
平成10（1998）年	幼稚園教育要領 （文部省告示）		
平成11（1999）年		保育所保育指針 （厚生省編集）	
平成20（2008）年	幼稚園教育要領 （文部科学省告示）	保育所保育指針 （厚生労働省告示）	
平成26（2014）年			幼保連携型認定こども園教 育・保育要領（内閣府・文 科省・厚労省共同告示）
平成29（2017）年	幼稚園教育要領 （文部科学省告示）	保育所保育指針 （厚生労働省告示）	幼保連携型認定こども園教 育・保育要領（内閣府・文 科省・厚労省共同告示）

　昭和31年の幼稚園教育要領の保育内容は「望ましい経験」を6領域（健康，
社会，自然，言語，音楽リズム，絵画製作）に分類して表示し，小学校教育と
の一貫性をもたせるようにした。ここでいう領域は「小学校以上の学校におけ
る教科とは，その性格を大いに異にする」とされている。しかし一方で，保育
者にとっては教科を領域別に教えるというようなイメージをさせるものになっ

表4−2　『保育要領−幼児教育の手引き−』（昭和23年）目次

てしまった。昭和39年の改訂では領域は教科を指すものではなく，領域ごとに示されている「ねらい」をよく把握しながら教育の方向を見通しつつ，具体的・総合的な「経験や活動」を通して達成されるものであると示した。しかし，当時文部省は1冊の総合的な指導書を出す一方で，領域ごとの指導書も出していたため，昭和31年と昭和39年の教育要領の間にあった矛盾点が払拭されないまま引き継がれてしまったという指摘もある（小田，1999）。

　そして，25年ぶりとなった平成元年の改訂では，幼稚園教育の基本は環境を通して行うものであることを明示した。「ねらい」は幼稚園修了までに育つことが期待される心情・意欲・態度などであり，「内容」は「ねらい」を達成するために指導する事項であるとした。そして「ねらい」と「内容」を幼児の発達の側面からまとめ，現在に続く5領域（健康，人間関係，環境，言葉，表現）に再編成・整理している。

　次の平成10年の改訂では，幼稚園教育の基本において教師が計画的に環境を構成すべきことや活動の場面に応じてさまざまな役割を果たすべきことなど，教師の役割を明確化し，「生きる力の基礎を育てる」ことが記述された。平成20年の改訂では，幼稚園と小学校の円滑な接続，規範意識や思考力の芽生え

などに関する指導の充実，教育課程に係る教育時間の終了後等に行う教育活動（いわゆる預かり保育）や子育ての支援の基本的な考え方などの記述が加えられた。

平成29年の改訂については，2節でまとめて述べていきたい。

2　発達過程としての捉え

次に，保育所保育指針について見ていく。保育所保育指針に示される年齢や発達過程の区分に関する考え方についても，歴史的変遷とともに同時に着目していきたい。

保育所の運営についてその指針を示した『保育所運営要領』(1950（昭和25)年)，児童福祉施設一般にわたる保育の専門事項についてまとめられた『保育指針』（昭和27年）があるが，保育所保育の理念や保育内容・方法等について体系的に示されたのは1965（昭和40）年の『保育所保育指針』が初めてである。先述したように，その内容は『保育要領』をもとにしたものである。また，1963（昭和38）年10月の文部省初等中等教育局長・厚生省児童局長連名通知に示された「保育所のもつ機能のうち，教育に関するものは，幼稚園教育要領に準ずることが望ましいこと。このことは，保育所に収容する幼児のうち幼稚園該当年齢の幼児のみを対象とすること」という点を踏まえて策定されており，保育内容は当時の6領域の区分に沿って幼稚園教育要領の教育内容との整合性を図っている。しかし，3歳児以下は6領域ではなく，特に2歳までは「生命の保持に直接関係のある活動としての『生活』と，それ自身を目的とした活動としての『遊び』」の2つの領域になっている。また，2歳児では「健康・社会・遊び」，3歳児では「健康・社会・言語・遊び」となっている。

第1次改定（平成2年）において，保育所保育の特性である養護と教育の一体性を基調としつつ，養護的機能を明確にするため，全年齢を通じて「生命の保持と情緒の安定」に関わる事項（「基礎的事項」）を記載したこと，乳児保育の普及に対応するため保育内容の「年齢区分」を「6か月未満児」「6か月から1歳3か月未満児」「1歳3か月から2歳未満児」というように細分化した

こと，さらに障害児保育に関する記述を明記した。保育内容については，先述した平成元年の幼稚園教育要領と整合性を図り，6領域から5領域に再編成し整理している。

　第2次改定（平成11年）では，地域子育て支援の役割，職員の研修に関して新たに明記したこと，乳幼児突然死症候群の予防や児童虐待等の対応に関する記述，幼稚園教育要領と同様に「生きる力の基礎を育てる」ことを記述した。また，昭和40年・平成2年には「年齢区分」と呼ばれていたものを，平成11年版における保育内容では「発達過程区分」として捉えている。「発達過程の区分による保育内容は組やグループ全員の均一的な発達の基準としてみるのではなく，一人一人の乳幼児の発達過程として理解することが大切である」という文章が加えられており，保育のプロセスを一人ひとりの成長発達の道筋に沿って捉えていくことやその道筋の個性が乳幼児期には大事にされるべきことが強調されるようになったと考えられる。

　このように，保育所保育指針には発達の特徴と保育の内容が発達過程区分ごとに示されているが，幼稚園教育要領ではこのような区分は示されていただろうか。昭和31年の幼稚園教育要領には，幼稚園教育内容の領域区分に従って幼児期の発達上の特質と望ましい経験が示されていたが，年齢には触れられていない。その考え方として，「発達上の特質と望ましい経験は，3才・4才・5才それぞれの年齢に応じて異なるはずである。したがって，この表もこれら年齢差に従って示したほうがよいわけである。しかし幼児は，その生活環境の相違によって，同じ年齢の幼児でも発達の程度が違っていることが多かったりして，年齢差に応じてはっきり示すことが困難な場合が多い。しかも指導としては，数年間継続して習慣化させなければならないようなものが多い。それゆえここでは，一応年齢差を区別しないで，幼児教育として一般的な観点から必要と思われるおもなものを取り上げた。したがって，表に示す特質とか経験は，幼児の生活実態に応じて，適宜にしんしゃくして利用する必要がある」と述べられている。

　保育所保育指針における発達過程区分については，平成20年の改定に変化

がみられる。第3次改定（平成20年）では，これまでの局長通知から大臣告示として定め，幼稚園教育要領と同じく規範性を有する基準としての性格を持つものとなった。そのため，内容の大綱化を図り，「保育の実施は保育所の自主性，創意工夫が尊重されるという基本的原則をより明確にし，例えば発達過程区分ごとの保育の内容を大括りするなど，構成や記述内容を精選」している。8つの発達過程区分には"おおむね"と言う言葉が加えられた。保育所の役割（目的・理念，子どもの保育と保護者への支援など），保育士の業務，保育所の社会的責任の明確化，などについて記述が加えられている。

　こうして保育所保育指針は昭和40年の策定からいずれも幼稚園教育要領の改訂を踏まえ整合性を図って改定され，平成29年が第4次改定となる。

3　子ども・子育て支援新制度のスタート

　幼保連携型認定こども園教育・保育要領は，2015（平成27）年の新制度のスタートに向け，平成26年に内閣府・文科省・厚労省に共同告示されたものが初めてとなる。

　認定こども園制度は，平成18年より開始された。そして平成24（2012）年，「子ども・子育て支援法」「就学前の子どもに関する教育，保育等の総合的な提供の推進に関する法律（認定こども園法）の一部を改正する法律」「子ども・子育て支援法及び就学前の子どもに関する教育，保育等の総合的な提供の推進に関する法律の一部を改正する法律の施行に伴う関係法律の整備等に関する法律」の子ども・子育て関連3法に基づく制度である「子ども・子育て支援新制度」が成立し，認定こども園の類型の一つである幼保連携型認定こども園を学校及び児童福祉施設としての法的位置づけを持つ単一の施設に改められた。認定こども園法第10条第1項に基づき，『幼保連携型認定こども園教育・保育要領』が公示された。策定にあたっては，幼稚園教育要領及び保育所保育指針との整合性を確保し，小学校教育との円滑な接続に配慮すること，そして幼保連携型認定こども園として0歳から小学校就学前までの一貫した教育・保育を発達の連続性を考慮して展開すること，園児の一日の生活の連続性やリズムの多

様性に配慮し園児一人ひとりの状況に応じた教育・保育の工夫をすることなど
が明示されている。幼保連携型認定こども園には，認定こども園法第11条に
規定されているとおり，「満3歳以上の子ども及び満3歳未満の保育を必要と
する子ども』が在籍し，入園した年齢により集団生活の経験年数が異なる園児
がいること，また教育標準時間（1号）認定子ども，保育（2号）認定子ども，
保育（3号）認定子どもという3つの認定区分の子どもたちを受け入れ，在園
時間が異なる園児が共に過ごすことについても，教育・保育要領のなかに配慮
点が述べられているのが特徴である。平成26年に公示され，平成29年告示が
第1次の改訂となる。

2節　幼稚園教育要領，保育所保育指針，
　　　幼保連携型認定こども園教育・保育要領の構造枠組

　幼稚園教育要領と保育所保育指針は，平成以降約10年ごとに改訂（定）さ
れ，より一層の整合性がはかられて，平成29年3月31日，同日に幼保連携型
認定こども園教育・保育要領もあわせて一斉告示となった。この3法令が同時
に改訂（定）されるのは今回が初めてである。今までの歴史的変遷について前
節でまとめたが，今回の改訂（定）において共通する点，変わらない点につい
て述べていきたい（表4－3に各目次構成を示す）。

1　子どもを捉える視点と方向性

　改訂（定）の背景となる近年の国際的動向には，自尊心や自己制御，忍耐力
といった社会情動的スキル，いわゆる非認知能力が乳幼児期から培われ，そ
の後の成長発達に大きく影響を与えるという縦断研究の成果が示され（OECD,
2001, 2012；秋田, 2016），生涯学習の重要性とカリキュラム，幼児教育・保
育の質と向上，改善とそのための政策が日本においても今日的課題となってい
る。平成27年より子ども・子育て支援新制度がスタートし，教育・保育の
量的拡充が進められているが，同時に「質」の向上もさらに進めていく課題

表4－3 幼稚園教育要領、保育所保育指針、幼保連携型認定こども園教育・保育要領（平成 29 年告示）章構成の比較

平成 29 年告示 幼稚園教育要領	平成 29 年告示 保育所保育指針	平成 29 年告示　幼保連携型 認定こども園教育・保育要領
前文 第1章　総則 　第1　幼稚園教育の基本 　第2　幼稚園教育において育みたい資質・能力及び「幼児期の終わりまでに育ってほしい姿」 　第3　教育課程の役割と編成等 　第4　指導計画の作成と幼児理解に基づいた評価 　第5　特別な配慮を必要とする幼児への指導 　第6　幼稚園運営上の留意事項 　第7　教育課程に係る教育時間終了後等に行う教育活動など 第2章　ねらい及び内容 　　　　健康　人間関係 　　　　環境　言葉　表現 第3章　教育課程に係る教育時間の終了後等に行う教育活動などの留意事項	第1章　総則 　1　保育所保育に関する基本原則 　2　養護に関する基本的事項 　3　保育の計画及び評価 　4　幼児教育を行う施設として共有すべき事項 第2章　保育の内容 　1　乳児保育に関わるねらい及び内容 　2　1歳以上3歳未満児の保育に関わるねらい及び内容 　3　3歳以上児の保育に関するねらい及び内容 　4　保育の実施に関して留意すべき事項 第3章　健康及び安全 　1　子どもの健康支援 　2　食育の推進 　3　環境及び衛生管理並びに安全管理 　4　災害への備え 第4章　子育て支援 　1　保育所における子育て支援に関する基本的事項 　2　保育所を利用している保護者に対する子育て支援 　3　地域の保護者等に対する子育て支援 第5章　職員の資質向上 　1　職員の資質向上に関する基本的事項 　2　施設長の責務 　3　職員の研修等 　4　研修の実施体制等	第1章　総則 　第1　幼保連携型認定こども園における教育及び保育の基本及び目標等 　第2　教育及び保育の内容並びに子育ての支援等に関する全体的な計画等 　第3　幼保連携型認定こども園として特に配慮すべき事項 第2章　ねらい及び内容並びに配慮事項 　第1　乳児期の園児の保育に関するねらい及び内容 　　　・健やかに伸び伸びと育つ 　　　・身近な人と気持ちが通じ合う 　　　・身近なものと関わり感性が育つ 　第2　満1歳以上満3歳未満の園児の保育に関わるねらい及び内容 　　　　健康　人間関係 　　　　環境　言葉　表現 　第3　満3歳以上児の園児の教育及び保育に関するねらい及び内容 　　　　健康　人間関係 　　　　環境　言葉　表現 　第4　教育及び保育の実施に関する配慮事項 第3章　健康及び安全 　第1　健康支援 　第2　食育の推進 　第3　環境及び衛生管理並びに安全管理 　第4　災害への備え 第4章　子育ての支援 　第1　子育ての支援全般に関わる事項 　第2　幼保連携型認定こども園の園児の保護者に対する子育ての支援 　第3　地域における子育て家庭の保護者等に対する支援

がある。これからの未来社会における子どもの資質・能力の育成に向け，幼稚園教育要領改訂にあたって育みたい資質・能力として「知識及び技能の基礎」「思考力，判断力，表現力等の基礎」「学びに向かう力，人間性等」の３つを総則（第１章）で示し，ねらい及び内容（第２章）に基づく活動全体によって育むこととされた。また，この資質・能力の３つの柱を踏まえた具体的な姿が「幼児期の終わりまでに育ってほしい姿」（10 の姿）である。この時期に育みたい資質・能力は，小学校以降のいわゆる教科指導ではなく，「幼児の自発的な活動である遊びや生活の中で，感性を働かせてよさや美しさを感じ取ったり，不思議さに気付いたり，できるようになったことなどを使いながら，試したり，いろいろな方法を工夫したりすることなどを通じて育むことが重要である」（文科省中央教育審議会答申（平成 28 年 12 月 21 日））とされている。これらの育みたい資質・能力，10 の姿は，保育所保育指針第１章「総則」4「幼児教育を行う施設として共有すべき事項」，幼保連携型認定こども園教育・保育要領第１章「総則」第1「幼保連携型認定こども園における教育及び保育の基本及び目標等」3「幼保連携型認定こども園の教育及び保育において育みたい資質・能力及び『幼児期の終わりまでに育ってほしい姿』」に示されている。

2　環境を通した教育・保育——遊び・生活のなかの子どもの主体性

　さまざまな箇所の改訂（定）が行われているが，環境を通した教育・保育を行うということは変わらず大事な点である。どのように示されているかを具体的に見ると，幼稚園教育要領第１章「総則」第1「幼稚園教育の基本」に「幼児期の教育は，生涯にわたる人格形成の基礎を培う重要なものであり，幼稚園教育は，学校教育法に規定する目的及び目標を達成するため，幼児期の特性を踏まえ，環境を通して行うものであることを基本とする」とある（下線は引用者，以下同様）。保育所保育指針では，第１章「総則」1「保育所保育に関する基本原則」(1)「保育所の役割」に「イ　保育所は，その目的を達成するために，保育に関する専門性を有する職員が，家庭との緊密な連携の下に，子どもの状況や発達過程を踏まえ，保育所における環境を通して，養護及び教育を一

体的に行うことを特性としている」，幼保連携型認定こども園教育・保育要領でも，第1章「総則」の第1に示されるように「就学前の子どもに関する教育，保育等の総合的な提供の推進に関する法律（平成18年法律第77号。以下「認定こども園法」という。）第2条第7項に規定する目的及び第9条に掲げる目標を達成するため，乳幼児期全体を通して，その特性及び保護者や地域の実情を踏まえ，環境を通して行うものであることを基本とし，家庭や地域での生活を含めた園児の生活全体が豊かなものとなるように努めなければならない」とある。また文科省中央教育審議会答申（平成28年12月）によると，「幼児教育における『見方・考え方』は，幼児がそれぞれの発達に即しながら身近な環境に主体的に関わり，心動かされる体験を重ね，遊びが発展し生活が広がる中で，環境との関わり方や意味に気付き，これらを取り込もうとして，諸感覚を働かせながら，試行錯誤したり，思い巡らしたりすることであると整理できる」とある。各施設はその目的・目標が異なるものであるが，それぞれの独自性を活かしつつ，子どもが安心・安定した状態のもと身近な環境に主体的に関わり探索を深める姿を支えるため，子ども理解を深め，一人ひとりの興味関心，発達に即して計画的に環境を構成し，子どもとヒト・モノ・コトとの関わりを考える役割が保育者に共通して求められていることである。

3　乳幼児期の保育

　今まで述べてきたように，幼児期の特に3歳から5歳の時期に幼稚園と保育所，認定こども園において共通する内容を幼稚園教育要領，保育所保育指針，幼保連携型認定こども園教育・保育要領で規定し，すべての子どもがその内容を受けることが可能となるよう整合性を図り共通の枠組みに発展させてきている。しかし，平成20年告示の保育所保育指針が大綱化されたことにより，0，1，2歳児の保育の内容とねらいが以前よりも薄い記述となった。一方で，乳児期の保育が以前と変わらず大切なものであり，近年のさまざまな研究からも，乳児期からのいわゆる非認知能力の育成の重要性が指摘されている。

　平成29年告示の保育所保育指針では全体的に乳児保育に関する記載が厚く

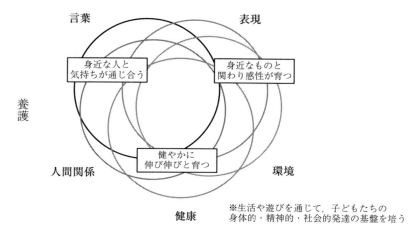

図4－1　0歳児の保育内容の記載のイメージ
（厚生労働省「保育所保育指針の改定に関する議論のとりまとめ」（平成28年12月21日）をもとに作成）

なり，第2章「保育の内容」において，乳児保育，1歳以上3歳未満児の保育に関わるねらい及びについて述べられることとなった。この年齢について，暦年齢ではなく発達上の連続性，発達のつながりであることが重要である。また，乳児保育については，新たな工夫が行われている。5領域に分けて記述されるのではなく，「健やかに伸び伸びと育つ」「身近な人と気持ちが通じ合う」「身近なものと関わり感性が育つ」というように5領域が重なり合い複合的・総合的に捉えられるように示されることとなった（図4－1）。

4　幼児教育・保育の歴史を踏まえて

　日本の幼児教育の普及，保育内容の検討は比較的早い時期から進んできた（14章を参照）。幼児教育の歴史は，1876（明治9）年に日本で最初の官立幼稚園となる東京女子師範学校（現お茶の水女子大学）附属幼稚園が設立されてから，2017（平成29）年で140周年を迎えた。「不易」と「流行」（その成立期の時代からの不変な「不易」の側面と，子どもを取り巻く社会・環境の変化と今日的課題に対応してさらに未来に向かう「流行」の側面）を踏まえ，小学校

段階以降の学びとの円滑な接続を図ること，子どもの成長発達にとってよりよい教育・保育に向け社会が一体となって質の向上に取り組むことなど，先達の努力による歴史の積み重ねの上に，我々が考えるこれからの未来をつなげ，よりよい教育・保育を模索することがこれからも大きな課題である。

参考文献

秋田喜代美ほか　子どもの挑戦的意欲を育てる保育環境・保育材のあり方　日本教材文化研究財団　2016

小田豊　幼稚園教育の基本　小学館　1999

加藤繁美　「保育要領の形成過程に関する研究」　保育学研究. 54（1）　2016

厚生労働省　保育所保育指針解説書　フレーベル館　2008

厚生労働省　保育所保育指針の改定に関する議論のとりまとめ（平成28年12月21日）

民秋言編　保育資料集 教育要領・保育指針の変遷を中心に　萌文書林 2004

内閣府・文部科学省・厚生労働省　幼保連携型認定こども園教育・保育要領解説　フレーベル館　2015

内閣府・文部科学省・厚生労働省　幼保連携型認定こども園教育・保育要領 幼稚園教育要領 保育所保育指針 中央説明会資料　2017年7月

無藤隆　「幼児教育の構造と今後」　初等教育資料　No.956　文部科学省　2017

無藤隆　幼稚園教育要領 保育所保育指針 幼保連携型認定こども園教育・保育要領 3法令改訂（定）の要点とこれからの保育　チャイルド本社　2017

文部科学省　幼稚園教育要領解説　フレーベル館　2008

森上史朗編　幼児教育への招待　ミネルヴァ書房　1998

幼稚園教育要領
http://www.mext.go.jp/component/a_menu/education/micro_detail/__icsFiles/afieldfile/2017/05/12/1384661_3_2.pdf

保育所保育指針
https://www.erca.go.jp/yobou/zensoku/platform/topics/news/2017/pdf/20170411_1.pdf

幼保連携型こども園教育・保育要領
http://www8.cao.go.jp/shoushi/kodomoen/pdf/kokujibun.pdf

5章 保育の特性と保育実践

　平成29年告示保育所保育指針では，0，1，2歳児の保育に関する記載が充実したことが大きな特徴である。平成20年告示の保育所保育指針では，法的な性格になったために大綱化され，幼稚園教育要領にならい年齢を区分しない5領域の「ねらい」「内容」を示す形となった。そのため，3歳以上児を対象とした教育要領をモデルとしていることから，3歳未満児の保育に関する記載が減ってしまっている。一方でこの間に，待機児童問題にも表れているように，0，1，2歳児の保育は量的に拡大しており，この時期の保育が注目を集めているとともに，急激な拡大により保育環境の整備が心配される状態でもある。

　また，今回の改定で保育所も幼児教育を行う施設と規定された。しかし，そこでめざされている育ちは，3歳以降でのみ育てられるものではない。乳児から2歳児までは，養育者やその他の家族など，他者との関わりを初めて持ち，

※写真と本文の内容は直接的には関係ありません。

そのなかで自我が形成されるなど，子どもの心身の発達にとってきわめて重要な時期である。この時期の保育の在り方は，その後の成長や社会性の獲得等にも大きな影響を与えるものといえよう。

　また，近年，国際的にも，自尊心や自己制御，忍耐力といった社会情動的スキル，いわゆる非認知能力を乳幼児期に身につけることが，大人になってからの生活に大きな差を生じさせるといったことがOECD国際レポート（2015）などで報告されており，乳幼児期，とりわけ3歳未満児の保育の重要性への認識が高まっている。0，1，2歳児からその基礎が育つことも指摘されている。就学前までに十分に育つためには，乳児や，1，2歳児の保育の質を軽視するわけにはいかない。

　また，今回の改定で，保育所保育指針の第1章「総則」の2「養護に関する基本的事項」が別に示された。これまでも保育とは，養護（生命の保持及び情緒の安定）と教育を一体的に行うものとされてきた。総則という最も重視される原理原則を示す章に示されたことの意味を認識しなくてはならないだろう。養護と教育を一体的に行うことが，乳幼児期の保育の重要な特性とあらためて明確化されたと言えよう。

　以上のようなことを中心にしながら，保育の特性を考えていきたい。

1節　乳児の保育

　前述したように，改定保育所保育指針では，第2章「保育の内容」に，乳児と0，1歳の保育に関わる記述が大幅に加えられた。平成20年の改定では，幼稚園教育要領の5領域の説明を保育所保育指針でも採用した。ところが，3，4，5歳児の育ちを枠組みとして作られたねらいと内容を3歳未満児にそのまま当てはめることは困難であったため，別の枠組みで捉えられていた。それを同様の枠組みで捉えながら，3歳未満児について保育のねらい及び内容が別に示されたのである。

　前述したように，近年重視される自尊心や持続力，忍耐力，自己制御，あるいは社交性などは幼児期にかかわらずその後の人生を通して必要なスキルである。しかしこれらの能力を身につけるには，乳児のうちから受容的で応答的な関わりが必要である。そのなかで，自分が重要な存在であるという確信を得，あきらめずに取り組む価値を知っていくし，自身にとって重要な他者へ関心を持ち，配慮するようになっていくからである。

　就学前では，5歳児の終わりまでに育つ姿を見通して0，1，2歳児の保育を行っていくのだが，乳児についてはまだ5領域に分化していく前の状態として捉える必要がある（4章，図4－1を参照）。その後の保育の視点「5領域（健康・人間関係・環境・言葉・表現）」を意識しつつ，乳児保育では次の3つの視点で捉えている。すなわち「健やかに伸び伸びと育つ」「身近な人と気持ちが通じ合う」「身近なものと関わり感性が育つ」の3つである。たとえば，おむつ替えや授乳，抱っこなどで乳児の生理的欲求が満たされ，情緒が安定することが予測され，健康で伸び伸びと育つことにつながると考えられる。しかしその際，保育者は「気持ちよくなったね」「おいしかったね」など乳児の気持ちを代弁しながら関わる。それに対して乳児も声を出して反応し，「身近な人と気持ちが通じ合う」経験をするだろうし，その通じ合う経験で信頼感や愛着が育ったり，語りかけられ発声するという言葉の芽生えがみられることにもなる。

　また，前述したような社会情動的スキル，いわゆる非認知能力は，十分な愛着，それに基づいた基本的信頼感によって支えられていると考えられている。愛着（アタッチメント）とは，ボウルビィ（Bowlby, J.）の提唱した概念で，母子間の相互交渉を維持するための反応を呼んだ。エインズワース（Ainsworth, M. D.）らは子どもが特定の相手（養育者）に対して持つ情緒的な結びつきを愛着と定義しているが，乳児は，このような相手に，自分が無条件に愛されているという基本的信頼感を持つようになる。また，こうして受け入れられることで自己肯定感も高められていくのである。子どもたちはそのような相手を安全基地としてさまざまな探索活動に挑んでいく。何かあっても

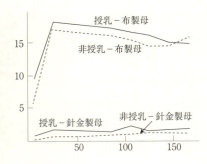

授乳－布製母

非授乳－布製母

15

10

5

授乳－針金製母　　　　非授乳－針金製母

50　　　　　100　　　　　150

図5－1　ハーロウによる代理母実験（Harlow, H. F., 1958）

守ってくれる安全基地に対する確信があれば，危険かもしれない対象に向かっていくことができるのである。そのような身近な人との気持ちの通じ合いが，身近なものとの関わりにもつながるし，もっとよく見たいとつかまり立ちをしたり，もっと近づきたいとハイハイをしたりといったように，伸び伸びと身体を動かし育っていくことにもつながるだろう。

　ところで，愛着が形成されるのは母子間だけだろうか。ハーロウ（Harlow, H. F., 1958）は，アカゲザルの子ザルを2つの母親の模型のある檻で飼育する実験を行った。図5－1に示したように，模型の一つは針金でできたもので，もう一つは毛布のような柔らかい布でできたものである。これらのどちらかに哺乳瓶が装着されており，子ザルがどちらの「母親」と長く過ごすかが検討された。子ザルは，ミルクが出ようが出まいが，布製の母親にしがみついて過ごした。ミルクを与えてくれることより，柔らかさ温かさの方が重要なのである。山口（2003）は，身体接触の役割を指摘している。身体接触の柔らかさ温かさには，授乳よりも重要な愛着の要素があるのだろう。同時に山口は，父親とのスキンシップの意味も指摘している。柔らかく温かな接触だけでなく，力強く支えられる肌の接触も子どもは求めているのである。つまり，愛着形成は特定の相手との間でなされるが，乳児を保育する保育所であるならば，保育者との間に信頼関係が結ばれる必要があるし，また可能である。保育所では，十分に養護の行き届いた環境で，確固たる愛着関係を築いていく必要があろう。

2節　1，2歳児の保育

　1歳になると多くの子どもが歩行を始め，活動範囲が急激に拡大する。さまざまな人，物への関わりがいっそう豊かに多様になっていくだろう。前節で述べたように，0歳児ではまだ未分化だった保育の内容が，5領域でも捉えられるようになってくる。

　例えば，夏には園庭に出て小さなプールで水遊びをするようになるかもしれない。夏の日差しに水面が光ることに気づいて，水をかき混ぜたり保育者と言葉を交わしたりするかもしれない。保育者に受け止められながら「環境」に関わり，信頼する相手と「冷たいね」「キラキラしてるね」などと「言葉」を交わし，水の冷たさや水面のきらめきに感性を刺激され，歓声を上げて思いを「表現」するかもしれない。

　1歳半ごろから，何かを「見立てる」ふりが見られ始め，2歳ごろには遊びのなかで見立てを用いる「象徴遊び」が多くみられるようになる。見立てが成立するには，表象というイメージする力や，事物や事象を記号などの別のものによって認識する象徴の能力が必要となるが，子どもたちは保育者の助けを借りながら，見立て遊びを盛んに行い楽しんでいる。「ごはん」に似ているという「環境」に対する知識を用いて「砂」を「ごはん」に見立てたり，それをより確固たるものにするために「カレーライスどうぞ」「おいしいジュースですよ」などの「言葉」を添えて周囲とやり取りする。

　そして当然，これらのことと同時に社会情動的スキルの育ちも保障していかなくてはならない。自我が芽生えると「自分の」という意識が育ち，子ども同士でのトラブルも増えるし，さらに自我が強くなりいわゆるイヤイヤ期，第一次反抗期を迎えると保育者との間でもやり取りが難しくなる。仲間との物の取り合いは，トラブルであると同時に，「自分の」という自他の区別ができるようになったことの表れである。「人間関係」の育ちや，保育者の代弁に助けられて「言葉」の獲得にもつながっていくことが期待できる。しかしそれだけで

はなく，反抗期の行動は，自分の存在に気づき，「自分でやりたい」「嫌だ」という気持ちを周囲が受け止めるつもりがあるのかどうか，自分の存在は意味があるのかを確かめているともいえる。十分に子どもたちの興味・関心，思いを受け止め，自尊心を育てていかなくてはならないだろう。

　保育所保育指針第2章「保育の内容」2「1歳以上3歳未満児の保育に関わるねらい及び内容」(1)「基本的事項」には，愛情豊かに応答的に関わることが必要であること，また，各領域の内容は第1章の2に示された養護における「生命の保持」及び「情緒の安定」に関わる保育の内容と一体となって展開されるものであることに留意するよう記されている。また，5領域でねらい及び内容が示されるなかにも，例えば「健康」の項目でも「保育士等の愛情豊かな受容の下で，安定感をもって生活をする」や，「人間関係」の項目でも「保育士等の受容的・応答的な関わりの中で，欲求を適切に満たし，安定感をもって過ごす」など，情緒面への配慮の強調が多くみられる。3歳以上児の学びへの発展を見通しつつ，養護と教育の一体，社会情動的な育ちを特に意識しながら保育を行わなくてはならない。

　また，この時期の保育を行う際に他にも留意しなくてはならないことがある。今回の改定では，かつて指針に示されていた「発達の過程」に関する記述が削除された。特に幼い子どもたちの育ちは暦年齢でのみ測れるものではなく，個人差，生活経験の差が大きい。暦年齢で固定化して読み取ろうとするのではなく，個々の発達の連続性で保育を考えていく必要があるからである。

3節　3歳以上児の保育

　平成29年告示の幼稚園教育要領，保育所保育指針，幼保連携型認定こども園教育・保育要領の改訂（定）では，幼稚園，保育所，幼保連携型認定こども園が幼児教育施設として位置づけられ，幼児教育が小学校教育につながっていくことが明確になった。幼稚園であろうと保育所であろうと，また認定こども

園であろうと，幼児教育を行う施設としての自覚がますます問われるように
なったと言えよう。

　それについて，今改訂（定）では第1章「総則」に，「育みたい資質・能力」
および「幼児期の終わりまでに育ってほしい姿」が示された。幼児教育を行う
施設として，資質・能力が育まれ就学までに十分に育ってほしい姿に向かうよ
う意識して計画的に実践していく必要がある。

　この「育みたい資質・能力」および「幼児期の終わりまでに育ってほしい
姿」の内容は，以下の3つの柱としてまとめられている。

---

(1)「知識及び技能の基礎」：（遊びや生活の中で）豊かな体験を通じて，
　　何を感じたり，何に気づいたり，何がわかったり，何ができるように
　　なるのか
(2)「思考力，判断力，表現力等の基礎」：（遊びや生活の中で）気づいた
　　こと，できるようになったことなども使いながら，どう考えたり，試
　　したり，工夫したり，表現したりするか
(3)「学びに向かう力，人間性等」：心情，意欲，態度が育つ中で，いかに
　　よりよい生活を営むか

　これらの資質・能力は，小学校に限らずその後も通して伸びていくと考えら
れるが，幼児期については，この時期の特性から特に，それぞれ独立している
のではなく，相互に関連・作用しながら成立するものである。子どもの自発的
な活動である遊びを中心としながら，そのなかで感性を働かせて美しさを感じ
たり不思議さに気づいたり，できるようになったことを使いながら試行錯誤し
たりしながら育まれていく。小学校以降になると，この資質・能力は「知識・
技能」「思考力・判断力・表現力等」「学びに向かう力・人間性等」と発展して
いく。つまり，その構造は，文部科学省幼児研究部会が報告したように，図5
－2のようなものとなる。

　この3つの柱は，幼児教育施設として，小学校以降と同じ視点・目標で子

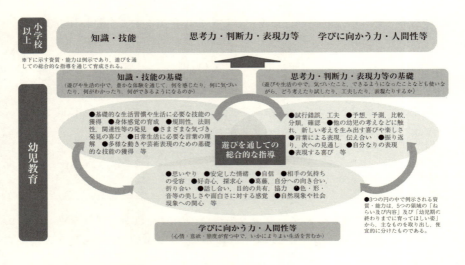

図５−２　幼児期に育みたい資質・能力の整理
（文部科学省「幼児教育部会における審議のとりまとめ」（平成28年8月26日））

どもの学びや育ちを捉えていこうと取り入れられた枠組みである。改定法令に「資質・能力」という言葉が登場したことに，違和感を覚えた読者もいるかもしれない。しかし，この時期に育みたい資質・能力は，小学校以降のような，いわゆる教科指導で育むのではなく，あくまでも幼児の「自発的な活動である遊びや生活の中で」，上述したようなことを経験していくことが基本である。幼児期ならではの主体的な学びを実現していくことが我々に求められている。

　これらの資質・能力は，これまでの５領域の枠組みで育んでいくことも十分に可能である。平成29年告示の改訂（定）でも，保育の内容は心身の健康に関する領域「健康」，人との関わりに関する領域「人間関係」，身近な環境との関わりに関する領域「環境」，言葉の獲得に関する領域「言葉」，感性と表現に関する領域「表現」としてまとめられている。もちろん，これまでと同様，何らかの活動で個別の領域だけが達成されることが目指されているのではない。例えば鬼ごっこをしながら健康面が育ったり，友達と協力して競い人間関係の面が育ったり，外を走り回りながら周囲の環境の特性に気づいたりすることが

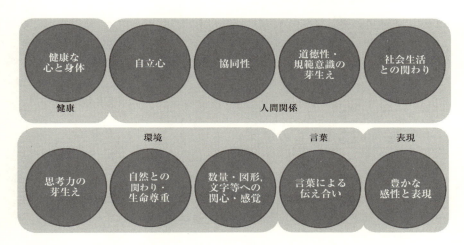

図5-3　幼児期の終わりまでに育ってほしい10の姿
（文部科学省「幼児教育部会における審議のとりまとめ」（平成28年8月26日）をもとに作成）

求められている。遊びを通しての総合的な指導のなかで，「知識・技能の基礎」「思考力・判断力・表現力等の基礎」「学びに向かう力・人間性等」が育まれていくことが求められている。

　前述のように，「ねらい及び内容」にこれまでどおり5領域の視点が示されているが，3法令とも総則のなかでもこれまでの5領域の内容を10に整理した「幼児期の終わりまでに育ってほしい姿」が示された。これは，「ねらい・内容」に基づく活動全体を通して資質・能力が育まれている幼児教育の修了時の具体的な姿であり，その内容とこれまでの5領域との関連は図5-3のようなものとなるだろう。

　「幼児期の終わりまでに育ってほしい姿」は，5領域の内容等を踏まえて示されている。これらはすぐに達成されることが求められているわけではなく，5歳児の後半，就学までにねらいを達成することがイメージされている。ただし，繰り返すがこれらは個別に指導されることを想定してはいない。幼児教育は環境を通して行うことが基本であり，その環境に関わる幼児の自発的な遊びを通して総合的に指導され育っていくことが求められている。

　また，5歳児の終わりに育っているということは，3歳児，4歳児またはそれ以前においても，これを念頭に置きながら見通しを持って保育が行われ，その積み重ねによってこのような姿につながっていくことが望まれるといえよう。

4節　協同的な子どもの学び

　前節で述べたように，幼児教育で育みたい資質・能力には3つの柱がある。「知識及び技能の基礎」は個別の知識や技能につながる知的な力，「思考力・判断力・表現力等の基礎」はその知識を使って柔軟に思考したり試行錯誤したり判断・表現したりする応用的な力へとつながるものである。そして「学びに向かう力・人間性等」は学んだことを生活で活かそうとする姿勢や気持ちを表しており，これまでも保育で重視してきた心情・意欲・態度であり，これまで述べてきたような社会情動的スキル，いわゆる非認知能力に支えられている。

　図5-3に示したように，これらは独立して働くものではなく，相互に作用しあい，資質・能力として発達していくものである。子どもたちは，例えばキュウリを育てて得た知識をまた別の野菜を育てるときに試してみたりするかもしれない。うまくいく場合もあるし，うまくいかない場合もあるだろう。植物全般に応用できる知識なのか，似ているものにのみ適用できる知識なのかを判断し，知識はさらに整理されていくだろう。そのときに持っている知識を応用させてさまざまなやり方を試行錯誤し，疑問や成功した喜びを周囲に伝えるかもしれない。うまくいかなくても何度も粘り強く自分の力を信じ，自分を励まし，ときに仲間と意見を交わしながら挑戦し続けるかもしれない。そのことがまた新たな知識・技能につながり，さらに思考する材料となり，そのエネルギーとなっていくだろう。このように我々は，子どもたちの学びがさらに発展し，この3つが相互作用するような協同的な遊びを保障できるよう，保育を考えなければならない。

5節　環境を通して育みつつ遊びを通して行う保育者の役割

　平成29年告示の改訂（定）でも，3法令ともに環境による保育を基本とすること，環境の重要性は変わっていない。保育所保育指針第1章「総則」(3)「保育の方法」には「子どもが自発的・意欲的に関われるような環境を構成し，子どもの主体的な活動や子ども相互の関わりを大切にすること」と明記されている。また，(4)「保育の環境」では，保育士や子どもなどの人的環境，施設や遊具などの物的環境，自然や社会環境も含め，4つの点に留意することが示されている。すなわち，

> ア　子ども自らが環境に関わり，自発的に活動し，様々な経験を積んでいくことができるよう配慮すること。
> イ　子どもの活動が温かに展開されるよう，保育所の設備や環境を整え，保育所の保健的環境や安全の確保などに努めること。
> ウ　保育室は，豊かな親しみとくつろぎの場となるとともに，生き生きと活動できる場となるように配慮すること。
> エ　子どもが人と関わる力を育てていくため，子ども自らが周囲の子どもや大人と関わっていくことができる環境を整えること。

である。子どもたちが主体的・自発的に環境に関わる意欲を引き出すのが保育者の役割であるので，子どもたちが関わりたくなるさまざまな環境を構成する必要があるし，まねをしたくなるような，共に過ごしたくなるような，受容的な人的環境として存在する必要がある。子どもたちが関心を持って有意義な経験となるような社会・自然との関わりを計画する必要がある。

　乳幼児期の特性から，この時期の子どもたちの学びは遊びという実体験を通してなされていく。保育者は，学びを支える社会情動的スキル，非認知能力を育むべく，保育者は十分に養護の行き届いた環境を整備し，子どもたちの重要

な資質・能力の育ちにつながるような発展的・協同的な豊かな遊び環境を工夫し，子どもたちの経験を適切に計画し援助できる専門的役割を果たすことが求められている。

参考文献・引用文献

Harlow, H. F. "The nature of love." *American Psychologist*, 13, 673-685. 1958

OECD 国際レポート *Skills for Social Progress - The Power of Social and Emotional Skills*. 2015.

厚生労働省　保育所保育指針の改定に関する議論のとりまとめ　2016

根ヶ山光一　〈子別れ〉としての子育て　日本放送出版協会　2006

山口創　愛撫・人の心に触れる力　日本放送出版協会　2003

6章　子どもをとりまく環境の変化と保育者の役割

1節　子どもをとりまく環境の変化

1　家庭や地域の変化と子ども

　子どもたちの生活習慣の乱れやコミュニケーション能力の低下などが指摘されるようになって久しい。2016（平成28）年にベネッセ教育総合研究所が発表した「第5回 幼児の生活アンケート」（表6-1）でも，1歳児から6歳児までの食事や挨拶，排泄などの生活習慣行動の達成率が，10年前の水準と比較して全体的に低くなっていることが明らかにされており，「家族やまわりの人にあいさつする」など，以前より10％以上の達成率の減少が見られた項目も少なくない。

　こうした問題の原因の一つとして，子どもをとりまく家庭や地域の変化があ

※写真と本文の内容は直接的には関係ありません。

表6−1 生活習慣に関する発達（子どもの年齢別　経年比較）
（ベネッセ教育総合研究所「第5回　幼児の生活アンケート」，2016）

(%)

	1歳児		2歳児		3歳児		4歳児		5歳児		6歳児	
	05年	15年	05年	15年	05年	15年	05年	15年	05年	15年	05年	15年
	(660)	(614)	(740)	(583)	(340)	(626)	(312)	(610)	(326)	(671)	(276)	(657)
コップを手で持って飲む	69.5	65.8	98.4	94.8	98.2	96.3	98.1	93.5	97.8	94.0	96.0	92.7
スプーンを使って食べる	64.8	62.3	97.4	95.0	98.2	96.3	98.1	93.5	97.8	94.0	95.7	92.4
家族やまわりの人にあいさつする	45.9 > 35.6		83.5 > 72.6		92.5 > 87.4		93.6 > 87.3		91.8	87.9	91.7	88.0
歯をみがいて，口をすすぐ	14.8 > 9.3		73.3 > 59.1		91.6 > 84.2		95.2 > 88.0		97.5 > 91.6		95.3	91.2
おしっこをする前に知らせる	3.3	4.7	25.2 > 18.4		86.3 > 75.4		97.8 > 90.4		96.9 > 91.9		94.6	90.7
自分でパンツを脱いでおしっこをする	1.2	1.3	17.7	13.0	79.1 > 70.1		98.1 > 90.9		97.3 > 91.9		94.9	90.3
自分でうんちができる	5.6	6.4	24.4 > 18.9		78.8 > 64.4		95.2 > 85.9		96.7 > 90.4		94.6	90.3
ひとりで洋服の着脱ができる	1.4	2.4	18.4 < 23.7		62.0	64.9	92.3	87.5	96.3 > 91.0		93.8	90.7
おはしを使って食事をする	4.5	4.1	32.0	35.2	62.0	58.3	83.7 > 72.1		94.2 > 83.8		93.5	88.9
決まった時間に起床・就寝する	55.6	56.1	62.2	64.4	72.6	68.0	82.4	79.2	85.8 > 77.5		84.4 > 78.2	
ひとりで遊んだあとの片付けができる	17.0	16.5	46.8	46.3	64.7	61.7	85.6 > 74.5		88.1 > 80.5		85.1	83.9
オムツをしないで寝る	0.6	3.8	6.3	3.8	45.9 > 35.0		81.1 > 66.0		84.8 > 79.0		90.2 > 83.6	

注1）「できる」の%。
注2）満1歳以上の子どもをもつ人のみ回答。
注3）05年，15年調査の結果を比較し，10ポイント以上の差があったものは濃い網掛け，5ポイント以上10ポイント未満の差があったものは薄い網掛けをしてある。
注4）（　）内はサンプル数。
注5）0歳6カ月～6歳11カ月の年齢層で分析する際のウェイトを用いて集計した。

げられる。2005（平成17）年の中教審答申（「子どもを取り巻く環境の変化を踏まえた今後の幼児教育の方向性」）では，少子化や核家族化，都市化，情報化，国際化といった社会状況の急速な変化に伴い，人々の価値観や生活様式が多様化する一方で，地域の人間関係や子どもへの関心の希薄化によって，地域社会の教育力が低下していることが指摘されている。また，そうした地域の人間関係の希薄化が，子育て家庭および親の孤立へとつながり，子育ての不安や負担の増加による家庭の教育力の低下を招く負の連鎖が懸念されている。

　こうした家庭や地域の問題は深刻さを増しており，「子育て支援等に関する調査2014」（三菱UFJリサーチ＆コンサルティング）においては，「子育ての悩みを相談できる人がいる」「子どもをしかってくれる人がいる」と解答した母親の割合が，以前の調査時点と比較して著しく減少している（図6−1）。母親が子育てについて適切な援助や情報を得られず，また，子どもと地域との接点が乏しい現状が続けば，さらなる子どもの生活習慣行動の獲得やコミュニケーション能力の発達などへの悪影響が予測されることから，家庭と地域の教

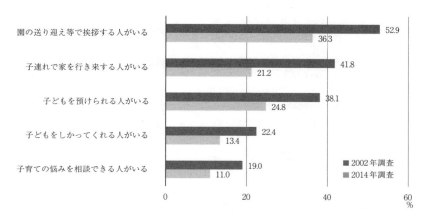

図6－1　母親と地域の子どもを通じた付き合いの変容
(三菱UFJリサーチ&コンサルティング「子育て支援等に関する調査2014」をもとに作成)

育力を代替および再生することが急務とされている。

　また，近年においては，子育て家庭が抱える経済的問題とそれに伴う子育て格差の問題も顕在化している。厚生労働省の「国民生活基礎調査」(2016) では，経済的に厳しい家庭で過ごす17歳以下の子どもが13.9% の割合で存在し，児童のいる家庭の約66% が，生活が苦しいと感じていることが明らかになっている (図6－2)。さらに，子どもの貧困との関連性が高いひとり親世帯も増加傾向にあることから，子どもをとりまく家庭の経済的問題は深刻化しており，2014 (平成26) 年に「子どもの貧困対策の推進に関する法律」が施行されるなど，国をあげた対策が進められている。

　こうした子育て家庭が抱える経済的問題は，衣食住の不足にとどまらず，経験の格差として子どもの生活に影響することが指摘されている。大阪府が行った「子どもの生活に関する実態調査」(2017) においては，生活困窮度が高い家庭の子どもは，家族での団らんや外出，地域や子ども集団の行事への参加，通塾などの多くのことを，経済的な理由で断念している現状が浮かび上がった。また，本を購入し読むことができるといった生活のゆとりの有無が，子どもの語彙力やリテラシーの育ちに影響するという指摘も見られる (内田・浜野，

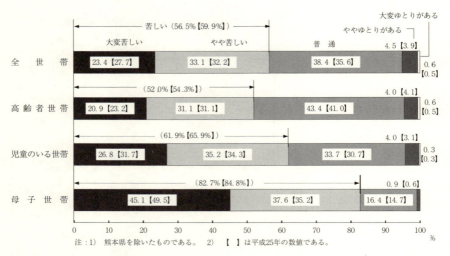

図6−2　各種世帯の生活意識
(厚生労働省「国民生活基礎調査」, 2016)

2012)。子どもが経験できることの量や質は, その子をとりまく家庭の状況と切り離せないものである。経済的な格差の是正とともに, 子どもの経験の格差をいかに改善していくのかも, 今日においては重要な課題である。

2　現代の子どもの生活・遊びをめぐる状況

　子どもの生活や遊びをめぐる状況についても, さまざまな変化が生じている。テレビゲームなどが幼児期の子どもにまで浸透してきているという程度の認識はもはや過去のものであり, 近年では, タブレット端末やスマートフォンなども含んで, 子どもが日常的に接するメディアとそれが作り出すバーチャルの世界がますます拡大, 多様化している。また, 保護者の就労状況の変化や預かり保育を実施する幼稚園等の増加とも相まって, 20年間で, 子どもが保育所で過ごす時間が約1時間, 幼稚園で過ごす時間が約30分長くなっており, 子どもの生活拠点が家の外部へと移行している傾向が見られる (図6−3)。

　生活様式の変化とも関連して, 子どもの遊びに関する三間 (時間, 空間, 仲

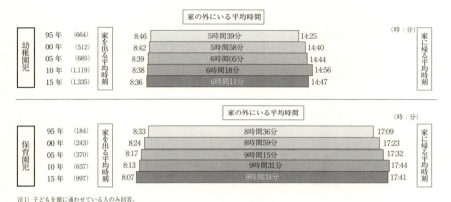

注1）子どもを園に通わせている人のみ回答。
注2）家を出る時刻，家に帰る時刻のいずれかの質問に対して無答不明のあった人は，分析から除外している。
注3）95年調査は，「18時以降」を18時30分，00年調査以降は，「18時頃」を18時，「18時半頃」を18時30分，「19時以降」を19時と置き換えて算出した。
注4）家の外にいる平均時間は，家を出る平均時刻と家に帰る平均時刻から算出した。
注5）（　　）内はサンプル数。

図6-3　子どもが家を出る・家に帰る平均時刻と家の外にいる平均時間の推移
（ベネッセ教育総合研究所，2016）

間）の減少も，長きにわたって指摘されている。三間の減少は，地域の遊び資源の使用がより活発になる児童期以降の子どもについて問題視されることが多いが，乳幼児期の子どもにおいても，無縁とはいえない現状がある。

　たとえば，「時間」に関しては，保育施設で過ごす時間が増加する傾向にあること，幼稚園に通う子どもの半数以上が習い事をしていること（ベネッセ教育総合研究所，2016）を鑑みれば，少なくとも，子どもが園以外の場所で遊ぶという時間は短くなっていることが考えられる。また「空間」に関しては，子どもが遊びに使用できる森や川などの自然環境の減少が指摘されるほか（仙田満『こどものあそび環境』鹿島出版会，2009），騒音や事故の防止を理由とした，公園の利用制限や遊具の撤去が社会問題化するなど，面積の縮小だけでなく，そこで得られる経験の縮小化を危惧する声も聞かれる。

　3つ目の「仲間」をめぐる問題は，より顕著である。図6-4からは，保育施設以外での子どもの遊び相手として，母親の割合が増加する傾向にある一方で，友だちが占める割合は，20年間で大きく数値を下げており，子どもが，

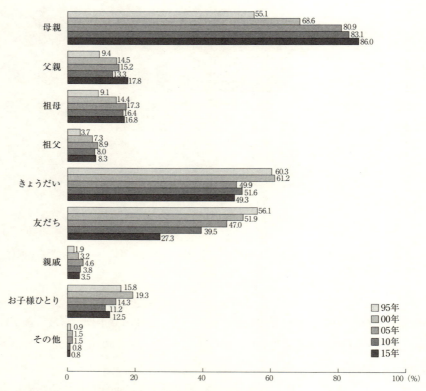

図6−4 平日，幼稚園・保育園以外で一緒に遊ぶ相手
（ベネッセ教育総合研究所，2016）

保育施設などの外で，家族以外の子どもと過ごす機会が激減している現状を見て取ることができる。少子化により近隣に同世代の子どもが少なくなっていることと，保育所や幼稚園の預かり保育の利用者数が増え，保育施設で過ごす時間が増したり，子どものスケジュールが多様化したりしている傾向を考えれば，こうした状況は必然といえる。いかに時間や空間が充足していようとも，ともに遊ぶ仲間がいなければ，遊びを十分に発展させることは困難であり，「時間」「空間」「仲間」の3要素が揃った遊び経験を，現代社会でいかに実現していくのかが問われている。

2節　保育者に求められる役割

1　保育施設と遊びへの期待

　これまで見てきたように，現代に生きる子どもたちは，かつての子どもたち が家庭や地域のなかで育んできた力や，豊かな環境のもと仲間と一緒に遊ぶ なかでの直接的・具体的な体験が十分に得られにくい状況にある。これらを 受けて，2005（平成17）年の中教審答申（「子どもを取り巻く環境の変化を踏 まえた今後の幼児教育の方向性」）では，保育所や幼稚園等の保育施設につい て，遊びを通して子どもの人間形成の基礎を培う場としての重要性を一層強調 するとともに，子育て家庭や地域に対する積極的な支援・連携を行っていくこ とで，教育力の再生・向上の要ともいえる役割を担っていくよう求めている。 このことは，翌年以降の法律の改正などに反映され，学校教育法（2007年改 正）で幼稚園教育の目標を示す第23条，幼稚園教育要領および保育所保育指 針（2008年施行）の各領域の「内容」では，子どもの基本的な生活習慣の形 成や他者との協働体験に関する事項を，保育のなかで意識的に扱っていくこと が具体的に示された。

　さらに，平成29年告示の幼稚園教育要領，保育所保育指針，および幼保連 携型認定こども園教育・保育要領では，遊びを通した総合的な指導によって， 子どもの生きる力の基礎を育むことが，すべての保育施設に通底する願いであ ることが明文化された。合わせて，上記の3法令では「幼児期の終わりまでに 育ってほしい姿」として10項目（「健康な心と体」「自立心」「協同性」「道徳 性・規範意識の芽生え」「社会生活との関わり」「思考力の芽生え」「自然との 関わり・生命尊重」「数量や図形，標識や文字などへの関心・感覚」「言葉によ る伝え合い」「豊かな感性と表現」）が示されている。これらの内容や記述には， 現代の子どもをとりまく社会環境や遊び環境の問題が色濃く反映されており， 子どもの満たされにくい経験を，保育所等の保育施設が，遊びを通して充足さ せていくことへの強い期待が込められているといえよう。

人間関係の希薄化が叫ばれる現代社会において，保育所等の保育施設は，多くの子どもたちとその保護者らが集い，ともに遊び，交流を深めることができる場として，社会の期待と責任とを一身に背負っているといっても過言ではない。子どもの在園時間が増加している傾向を鑑みれば，今後ますます，そうした遊びと関わりの拠点としての役割が大きくなっていくことが予想される。

2 遊びの展開を支える保育者

したがって，保育者に求められる役割として，子どもの遊びの展開を支えることの重要性が，以前にも増して高まっている。遊びの展開を支えるとは，単に場所や道具を提供して子どもの遊び行動を起こすだけでなく，遊びを通じて子どもが身の回りのさまざまな環境との関わりを深め，日々の生活をより充実したものとして味わい，それらがさらなる遊びへとつながっていくといった子どもの豊かな経験のプロセスを作り出していくことである。

遊びの展開を支えるための保育の方法について，たとえば保育所保育指針の第1章「総則」1「保育所保育に関する基本原則」では，「子どもが自発的・意欲的に関われるような環境を構成し，子どもの主体的な活動や子ども相互の関わりを大切にすること。特に，乳幼児期にふさわしい体験が得られるように，生活や遊びを通して総合的に保育すること」をはじめとして，子どもが安心して遊びを展開するための配慮や環境構成，多様な環境同士が結びつき，遊びが豊かになっていくための直接的・間接的な援助の必要性をあげている。また，同じく第1章「総則」3「保育の計画及び評価」においては，「子どもが行う具体的な活動は，生活の中で様々に変化することに留意して，子どもが望ましい方向に向かって自ら活動を展開できるよう必要な援助を行うこと」など，ただ無秩序に遊びを乱立させるのではなく，遊びのなかで保育の目標や子どもの発達に必要な経験が総合的に達成されるように，計画の作成・展開・評価・改善を行っていくべきことが示されている。幼稚園教育要領のなかで，保育者は「幼児一人一人の活動の場面に応じて，様々な役割を果たし，その活動を豊かにしなければならない」とされるように，子どもの遊びの展開を支え

る保育者には，個々の子どもの状況や活動の段階に応じた幅広い役割が求められる。

　小川博久は，『保育援助論（復刻版）』（萌文書林，2010）において，こうした複雑な保育者の援助の具体例を，幼児理解，援助，環境構成をキーワードに述べている。たとえば，遊びの拠点作りから，保育者が子どもの遊びの展開を支える場合では，保育者はまずもって，「制作コーナー」や「ままごとコーナー」を作るといったように，場所や物を子どもが遊びやすいように設える環境の構成者となる。しかし，ただ場所があるだけで，子どもの遊びが生起するとは限らない。そうした場合，保育者には，自らその場所で遊び，子どもに環境の機能と遊びの魅力を伝える表現者としての役割が求められる。それによって，子どもの遊びが生じたあとは，保育者は一歩身を引き，遊びを通した子ども同士の関係づくりを促す共同作業者となったり，一人ひとりの遊びの意味や可能性を理解する観察者となったりすると同時に，子どもと関わりながら表現や活動を発展させる対話者になるのである。

　以上は一つの例であるが，これまでに見てきたように，遊びの展開を支える保育者には，状況に応じて自身の立ち位置を使い分ける柔軟さ，子どもと遊び，遊びと別の遊びとをつないでいくための見通しを持つことが大切である。そして，それらの大前提として，子どもの興味・関心や各種の課題を捉え，適切に保育をデザインしていくための子ども理解の視点が不可欠なのである。

3　子どもと地域をつなぐ保育者

　遊びの展開とも関連して，子どもと地域とのつながりを作り出していくことも，保育者の責務の一つといえる。近年における，地域の人間関係の希薄化の問題とも相まって，保育所保育指針等においては，子どもが地域に対して興味・関心を抱き，大人との接点が持てるような活動を，保育のなかに積極的に取り入れていくことが目指されている。例えば，各種の指針・要領が共通して掲げる「幼児期の終わりまでに育ってほしい姿」の一つとして「社会生活との関わり」が設けられ，「家族を大切にしようとする気持ちをもつとともに，地

域の身近な人と触れ合う中で，人との様々な関わり方に気付き，相手の気持ちを考えて関わり，自分が役に立つ喜びを感じ，地域に親しみをもつようになる」と記されるように，各保育施設が，子ども・家族・地域をむすぶ役割を果たしていくことが強く期待されている。

保育所保育指針の第2章「保育の内容」4「保育の実施に関して留意すべき事項」に，「子どもの生活の連続性を踏まえ，家庭及び地域社会と連携して保育が展開されるよう配慮すること。その際，家庭や地域の機関及び団体の協力を得て，地域の自然，高齢者や異年齢の子ども等を含む人材，行事，施設等の地域の資源を積極的に活用し，豊かな生活体験をはじめ保育内容の充実が図られるよう配慮すること」とあるように，子どもと地域との関わりについても，生活や遊びの展開のなかで実現させていくことが基本となる。したがって，保育者は，園内の環境や人間関係に目を配るだけでなく，園外の自然環境や行事，文化，人材についても把握し，子どもの遊びの展開に応じて，即時に提案できるように努めなければならない。そのためには，保育者自身が地域に親しみを持って生活し，情報を収集するとともに，地域の人々や施設などとの信頼関係を築いておくことが必要となる。

遊びのなかで子どもが地域の面白さを発見し，また，地域の人々が保育施設に出入りし，子どもと関わることが日常のものとなれば，先にあげたような子どもと地域を巡る問題は大きく改善されるだろう。なにより，子どもにとって地域とは，園内だけでは得られない経験の宝庫であり，友だちや保育者にはない知識や性質をもった人々と出会える場所である。施設全体としても，保育者個人としても，地域の人材や施設，文化などとの接点を常に模索し，蓄積していくことが望まれる。

3節　基盤としての子ども理解

1　保育者に必要な子ども理解とは

　子どもの興味や関心を捉え，その場で適切に介入したり，新しい遊びへと展開したりしていくにあたっては，何よりもまず，一人ひとりの子どもを理解することが必要である。

　文部科学省が2010（平成22）年に発行した『幼稚園教育指導資料第3集幼児理解と評価』においては，幼児理解こそが保育実践の出発点として位置づけられ，子どもが発達に必要な経験を得るための保育者の環境構成や関わりの方法は，子ども一人ひとりを理解することによってはじめて適切になるとされている。また，小田豊らは，計画から始まる工業生産的な事業のサイクル（Plan（計画）・Do（実行）・Check（評価）・Act（改善）サイクル）に対して，保育実践のサイクルとは，図6-5のように，計画の前に子ども理解があり，実践と省察を通してさらに子ども理解が深まり，次の計画へと循環していく営みであると述べている（小田豊・中坪史典（編）『幼児理解からはじまる保育・幼児教育方法』，建帛社，2010）。このように，子どもを理解することは，遊びと環境構成を通して行う保育の中核となる要素であり，保育者が第一に意識するべき事柄と言っても過言ではない。

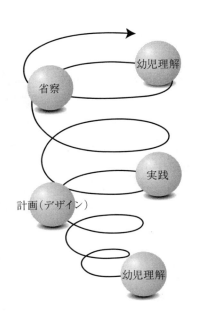

幼児理解

省察

計画(デザイン)

実践

幼児理解

図6-5　幼児理解・計画・実践（デザイン）・省察の循環モデル
（小田・中坪（2010）をもとに作成）

　これらの資料などで示される子ども理解とは，子どもの行動を分析して意味を解釈することや，発達モデルなどの判断基準に当てはめて優劣を評価するような方法とは異なる。保育者に求められる子ども理解とは，個々の子どもと直接にふれ合いながら，表情や言動から子どもの思いや考えを受け止めるとともに，その良さや可能性を理解しようとすることである。つまり，子どもの内面や未来の姿といった目に見えないものを同時に見通すことであり，子どもとの情緒的な結びつきや子どもの成長に対する願いとともにあるものと言える。したがって，「この子どもはこうだ」と安易に決めつけるのではなく，「……かもしれない」「……らしい」と子どもの内面や行動を推理・予測する，共感的かつ想像的な理解の仕方を心がける必要がある。子どもの興味・関心に合致し，遊びの展開を自然に広げる保育者の関わりや環境構成は，そうした子どもの「今，ここ」と「一足先」を捉えることで成立するのである。

　加えて，子どもを理解するうえでは，保育者自身のあり方にも目を向ける必要がある。各々が子どもの主体性をいかに尊重していようとも，保育施設における数少ない大人であり，安心・安定の拠り所である保育者の存在は，子どもの行動や心の動きに対して大きな影響力を有している。そのため，保育者は，自身のふだんの言葉遣いや振る舞い，遊びなどに対する好みや価値観，子どもとの関わりの履歴に自覚的となり，子どもの姿のなかに自らを重ねるようにして，その子や実践を理解することが大切である。また，保育所保育指針に「一人一人の保護者の状況やその意向を理解，受容し，それぞれの親子関係や家庭生活等に配慮しながら，様々な機会をとらえ，適切に援助すること」とあるように，園外での生活状況や生育歴などにも目を配りながら，一人の子どもを包括的に理解するように努めることが求められる。

2　子ども理解の方法と醸成

　保育者が子ども理解を得るためには，以上に示したように，子どもとの信頼関係を形成するなかで，行動や表情をきっかけに，その子の内面や可能性に寄り添い，想像力を膨らませていくことが必要である。また，子どもをとりまく

環境の隅々にまで目を向け，その子どもの行動や育ちの背景に存在している要因を捉えることも大切である。

　しかし，複数の子どもと同時に関わり，実践全体を滞りなく運営していくことが求められる日々の実践においては，そのように子ども一人ひとりに目を向け，じっくりとその内面を推し量ることには限界がある。したがって，一日の保育が終わった後に，その日に起こった出来事や子どもとの関わりを振り返る（省察）ことができるように，実践を記録に残しておくことが有効である。記録の仕方は，子どもの行動や会話の流れを文章で書き留める方法，印象に残った場面を写真や映像として撮影する方法，環境の見取り図のなかに誰が・どこで・どのように遊んでいたかを落とし込んでいく方法などさまざまである。したがって，どの方法を用いるかは，それぞれの性質と保育の状況を加味して（たとえば，映像撮影は子どもの動きを細かに記録できる利点があるが，撮影範囲が限られるとともに，子どもへの関わりとの両立が難しいという弱点がある），適切なものを選択するとよいだろう。

　また，保育者同士で意見を交換し，さまざまな角度から一人の子どもを見つめる態勢を構築することも不可欠である。いかに担任保育者といえども，一人の子どもから常に目を離さずにいることは困難である。また，担任であるからこそ，その子の成長に対する強い願いや先入観にとらわれて，つい視野が狭くなってしまうことも起こり得るだろう。そうした際に，立場や経験，価値観などが異なる保育者同士で子ども理解を交流させることは，お互いの実践に対する視野を広げる大きな手助けとなる。近年では，組織的に特定の子どもの事例に対する意見交換を行う保育カンファレンス（9章を参照）などの取り組みも積極的に行われているが，そうした機会や日々のなにげない会話を通じて，子どもを理解する目を協働的に養っていくことが必要である。

引用・参考文献

内田伸子・浜野隆編　世界の子育て格差——子どもの貧困は超えられるか　金子書房　2012

小川博久　遊び保育論　萌文書林　2010

河邊貴子　遊びを中心とした保育――保育記録から読み解く「援助」と「展開」　萌文書林　2005

倉橋惣三　幼稚園真諦（倉橋惣三文庫①）　フレーベル館　2008

菅原ますみ編　子ども期の養育環境と QOL　金子書房　2012

住田正樹・南博文編　子どもたちの「居場所」と対人的世界の現在　九州大学出版会　2003

ベネッセ教育総合研究所　第 5 回 幼児の生活アンケート　2016

無藤隆・汐見稔幸・砂上史子　ここがポイント！3 法令ガイドブック――新しい『幼稚園教育要領』『保育所保育指針』『幼保連携型認定こども園教育・保育要領』の理解のために　フレーベル館　2017

7章　保育の目標

1節　保育所保育指針における「保育の目標」

第1章「総則」1「保育所保育に関する基本原則」(2)「保育の目標」

ア　保育所は，子どもが生涯にわたる人間形成にとって極めて重要な時期に，その生活時間の大半を過ごす場である。このため，保育所の保育は，子どもが現在を最も良く生き，望ましい未来をつくり出す力の基礎を培うために，次の目標を目指して行わなければならない。

（ア）　十分に養護の行き届いた環境の下に，くつろいだ雰囲気の中で子どもの様々な欲求を満たし，生命の保持及び情緒の安定を図ること。

（イ）　健康，安全など生活に必要な基本的な習慣や態度を養い，心身の

※写真と本文の内容は直接的には関係ありません。

健康の基礎を培うこと。

（ウ）　人との関わりの中で，人に対する愛情と信頼感，そして人権を大切にする心を育てるとともに，自主，自立及び協調の態度を養い，道徳性の芽生えを培うこと。

（エ）　生命，自然及び社会の事象についての興味や関心を育て，それらに対する豊かな心情や思考力の芽生えを培うこと。

（オ）　生活の中で，言葉への興味や関心を育て，話したり，聞いたり，相手の話を理解しようとするなど，言葉の豊かさを養うこと。

（カ）　様々な体験を通して，豊かな感性や表現力を育み，創造性の芽生えを培うこと。

イ　保育所は，入所する子どもの保護者に対し，その意向を受け止め，子どもと保護者の安定した関係に配慮し，保育所の特性や保育士等の専門性を生かして，その援助に当たらなければならない。

　これらの目標においては，まず非認知能力の意味を考える必要がある。非認知能力とは，忍耐力や自己抑制力，社交性，自尊心などのことであり，ヘックマンがペリー就学前計画をもとに，質の高い就学前教育において身についた「潜在能力」は後まで継続することを示した。他方，認知スキルは記憶力や知識理解，読み書き計算などで，身についているかどうか表出しやすいスキルと言える。非認知能力である社会情動的スキルについては，OECD（2015）が，目標の達成，他者との協働，情動の制御に関わるようなスキルで，無数の日常生活の状況において現れると説明している。さらに，子どもは他の子どもと遊ぶ際にどのような行動がふさわしいかを教えられる一方，大人は仕事のうえでのチームプレイのルールを学ぶ必要がある。人は幼児期から目標を追求し（ゲームをする，パズルを解く等），これは成人期においてさらに重要となっていく（学位や職位を求める等）。肯定的・否定的な情動を表し，ストレスや不満を制御する適切な方法を学ぶことは，生涯の探求であり，特に離婚，失業，長期の障がいなどの変化に対処する際に関わってくる。図7−1のように，目

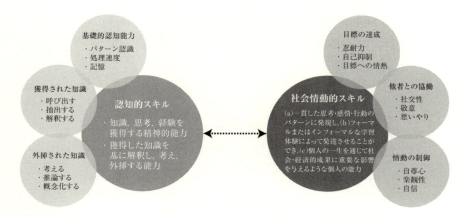

図7−1　認知的スキル，社会情緒的スキルのフレームワーク
(OECD, 2015)

標の達成，他者との協働，情動の制御といった大まかなスキルの分類には多く
のスキルの下位構成概念が含まれているという。

　さらに，子どもの目標を達成する力，他者と協働する力，情動を制御する力
の強化を促すために，家庭，学校，地域社会等一貫性のある学習環境の可能性
を示している。また，スキル発達の速度は，個人の年齢と現在のスキルの水準
に大きく左右される。スキル発達には敏感期があることが認識されており，幼
児期は将来のスキル発達の基礎を築くことから，非常に重要であると述べてい
る。そのためには，子どもの気持ちを大切にし，好奇心に基づいてやりたいと
きに存分にそれを保証するような保育が必要となってくる。特に，人間の育ち
の中で0，1，2歳児段階の育ちの意味はとても大きいことから，この時期の保
育はより丁寧に質高く行わなければならない。

　アタッチメントという語の訳語として，愛着行動や愛着関係という言葉があ
る。不安があるとしがみつける他者がかたわらに日常的にいると，不安や欲求
不満があるとき常にその人にしがみつくことができるため，その繰り返しのな
かで心のなかにその人への深い信頼感が育ち，やがて他者への基本的信頼感を

身につけるという。裏返すと，自分は無条件で受け入れられているという感覚になり，自己肯定感につながると言われている。この時期の保育には，こうした育ちを意識した展開が不可欠である。

2節　保育所保育指針第1章「総則」4における「幼児教育を行う施設として共有すべき事項」

(1)　育みたい資質・能力

　ア　保育所においては，生涯にわたる生きる力の基礎を培うため，1の(2)に示す保育の目標を踏まえ，次に掲げる資質・能力を一体的に育むよう努めるものとする。

　　(ア)　豊かな体験を通じて，感じたり，気付いたり，分かったり，できるようになったりする「知識及び技能の基礎」

　　(イ)　気付いたことや，できるようになったことなどを使い，考えたり，試したり，工夫したり，表現したりする「思考力，判断力，表現力等の基礎」

　　(ウ)　心情，意欲，態度が育つ中で，よりよい生活を営もうとする「学びに向かう力，人間性等」

　イ　アに示す資質・能力は，第2章に示すねらい及び内容に基づく保育活動全体によって育むものである。

　資質・能力には3つの側面があり，それぞれ，(ア)知的な力，(イ)知的な力を使って柔軟に思考したり判断・表現したりする応用的な力につながる知性，(ウ)学んだことを生活で生かそうとするような姿勢や情意のことを指す。よって，保育内容としては，発展的・協働的な遊びが重要であるといえる。自発的な活動である遊びの過程で，非認知スキルである(ウ)を大切に育むことにより，認知スキルである(ア)や(イ)を相互的に育むことができるのである。

3節　生活と遊びを通した総合的な保育

1　保育所保育指針第1章「総則」1「保育所保育に関する基本原則」における「保育の方法」

（3）　保育の方法

　保育の目標を達成するために，保育士等は，次の事項に留意して保育しなければならない。

　ア　一人一人の子どもの状況や家庭及び地域社会での生活の実態を把握するとともに，子どもが安心感と信頼感をもって活動できるよう，子どもの主体としての思いや願いを受け止めること。

　イ　子どもの生活のリズムを大切にし，健康，安全で情緒の安定した生活ができる環境や，自己を十分に発揮できる環境を整えること。

　ウ　子どもの発達について理解し，一人一人の発達過程に応じて保育すること。その際，子どもの個人差に十分配慮すること。

　エ　子ども相互の関係づくりや互いに尊重する心を大切にし，集団における活動を効果あるものにするよう援助すること。

　オ　子どもが自発的・意欲的に関われるような環境を構成し，子どもの主体的な活動や子ども相互の関わりを大切にすること。特に，乳幼児期にふさわしい体験が得られるように，生活や遊びを通して総合的に保育すること。

　カ　一人一人の保護者の状況やその意向を理解，受容し，それぞれの親子関係や家庭生活等に配慮しながら，様々な機会をとらえ，適切に援助すること。

　保育の基本は，自発的な活動である遊びを通して，子どもの意欲や意志を引き出すことにあり，そのような気持ちになる環境を作り出すことが保育の課題

であり，それが子どもの主体性や自主性を育てることにつながると言われている。

　子どもが「安心感と信頼感をもって活動できる」ためには，自分の気持ちを自由に表現してよいという雰囲気や，自分のしたいことやしたくないことを選ぶ選択権が子どもにあることが重要であり，人的環境としての保育者は，常に応答的な関わりを心がけることが大切である。

　また，「自己を十分に発揮できる環境」において，乳児期から十分に無条件に愛される体験を重ねて，特定の人間としっかりとした愛着関係ができたり，自分は必ず助けてもらえるという他者を深く信頼する信念を持つことで，自己への信頼感や肯定感が育ち，それが我慢する心のゆとりを育むと言われている。また，自由に遊ぶことができるなかで，何かに強い興味を持って望むだけ長く，しかも不必要な気遣いなく没頭できるという体験が保証されることで，集中する力がいつの間にか伸びていくのである。

2　幼保連携型認定こども園教育・保育要領における「教育および保育の目標」

第1章　総則
　第2　幼保連携型認定こども園における教育及び保育の目標
　　　　幼保連携型認定こども園は，家庭との連携を図りながら，この章の第1の1に示す幼保連携型認定こども園における教育及び保育の基本に基づいて一体的に展開される幼保連携型認定こども園における生活を通して，生きる力の基礎を育成するよう認定こども園法第9条に規定する幼保連携型認定こども園の教育及び保育の目標の達成に努めなければならない。幼保連携型認定こども園は，このことにより，義務教育及びその後の教育の基礎を培うとともに，子どもの最善の利益を考慮しつつ，その生活を保障し，保護者と共に園児を心身ともに健やかに育成するものとする。
　　　　なお，認定こども園法第9条に規定する幼保連携型認定こども園

　　　の教育及び保育の目標については，発達や学びの連続性及び生活の
　　　連続性の観点から，小学校就学の始期に達するまでの時期を通じ，
　　　その達成に向けて努力すべき目当てとなるものであることから，満
　　　3歳未満の園児の保育にも当てはまることに留意するものとする。

　「認定こども園法第9条に規定する幼保連携型認定こども園の教育及び保育
の目標」は，発達や学びの連続性，生活の連続性の観点から，小学校就学の始
期に達するまでの時期を通じて「めあて」となるため，3歳児未満の子どもの
保育にもつながる。第2章以降に，「健康」「人間関係」「環境」「言葉」「表現」
の領域ごとに子どもの発達の側面から「ねらい」が示されている。「ねらい」
は，園の生活全体を通じて相互に関連を持ちながら次第に達成されるものであ
り，子どもが環境に関わって展開する具体的な活動を通じて総合的に指導され
るものとされている。

3　幼保連携型認定こども園教育・保育要領第2章における
　「ねらい及び内容並びに配慮事項」

a.　乳児期の園児の保育に関するねらい及び内容

　「基本的事項」では，乳児期の発達の姿を踏まえて，「愛情豊かに，応答的に
行われることが特に必要である」とされている。また，「ねらい及び内容」等
は，「健やかに伸び伸びと育つ」「身近な人と気持ちが通じ合う」「身近なもの
と関わり感性が育つ」の3つの視点でまとめられている（4章，図4－1を参
照）。これは，乳児期は現行の5領域の保育内容に関する発達が未分化であり，
生活や遊びが充実することを通して，子どもの身体的・精神的・社会的発達の
基盤を培うという考え方を踏まえたものであると言われている。

　また，乳児期の子どもの保育は，乳児の特性に応じて行うべき配慮として，
抵抗が弱く疾病の発生が多いため，一人ひとりの子どもに応じた保健的な対応
を行うことや，一人ひとりの子どもの生育歴の違いに留意しつつ欲求を適切に
満たし特定の保育教諭等が応答的に関わること，保育者との信頼関係を築くこ

と等が挙げられている。

b.　満1歳以上満3歳未満の園児の保育に関するねらい及び内容

　「基本的事項」においては，「自分でできることが増えてくる時期であることから，保育教諭等は，園児の生活の安定を図りながら，自分でしようとする気持ちを尊重し，温かく見守るとともに，愛情豊かに，応答的に関わることが必要である」とされている。また，保育の「ねらい及び内容」等は，3歳児以上と同様に，「健康」「人間関係」「環境」「言葉」「表現」の五つの領域でまとめて示している。これらは，乳児期の保育や3歳児以上児の保育と連続性を持ちつつ，満1歳以上満3歳未満児の発達の特性を踏まえて示したものであるという。

　また，満1歳以上満3歳未満の特性に応じて行うべき配慮として，感染症にかかりやすい時期のため心身の日常の状態の観察を十分に行い，保健的な対応を心がけることと，探索活動が十分できるように事故防止に努めながら全身を使う遊びなどさまざまな遊びを取り入れること，子どもが自分の感情や気持ちに気づく重要な時期であることから，情緒の安定を図りながら自発的な活動を尊重し，促すことなどが挙げられている。

c.　満3歳以上の園児の教育及び保育に関するねらい及び内容

　「基本的事項」では，この時期の発達の特徴を踏まえて「個の成長と集団としての活動の充実が図られるようにしなければならない」とされている。保育の「ねらい及び内容」等は，5領域を引き継ぎつつ，「幼児期の終わりまでに育って欲しい姿」や幼児教育の現代的課題等を反映させた，幼児教育において育みたい「資質・能力」と関連させて捉える必要がある。また，乳児期及び満1歳以上満3歳未満の子どもの保育の「ねらい及び内容」等との連続性を踏まえて，遊びを通して総合的に指導するということである。

4節　小学校への基盤

　幼児教育と小学校との連携の重要性については，近年さまざまな取り組みがなされてきた。福祉施設である保育所においても，学校としての位置づけの幼稚園と同様に，幼児教育機関として小学校との連携強化を図るにあたり，保育所保育指針において第2章「保育の内容」4「保育の実施に関して留意すべき事項」で，小学校との連携が明記されている。

> （2）小学校との連携
> 　ア　保育所においては，保育所保育が，小学校以降の生活や学習の基盤の育成につながることに配慮し，幼児期にふさわしい生活を通じて，創造的な思考や主体的な生活態度などの基礎を培うようにすること。
> 　イ　保育所保育において育まれた資質・能力を踏まえ，小学校教育が円滑に行われるよう，小学校教師との意見交換や合同の研究の機会などを設け，第1章の4の（2）に示す「幼児期の終わりまでに育って欲しい姿」を共有するなど連携を図り，保育所保育と小学校教育との円滑な接続 を図るよう努めること。
> 　ウ　子どもに関する情報共有に関して，保育所に入所している子どもの就学に際し，市町村の支援の下に，子どもの育ちを支えるための資料が保育所から小学校へ送付されるようにすること。

　一方，小学校学習指導要領第1章「総則」4には，次のように記されている。

> （1）幼児期の終わりまでに育ってほしい姿を踏まえた指導を工夫することにより，幼稚園教育要領等に基づく幼児期の教育を通して育まれた資質・能力を踏まえて教育活動を実施し，児童が主体的に自己を発揮しながら学びに向かうことが可能となるようにすること。

> （中略）
> 　特に，小学校入学当初においては，幼児期において自発的な活動としての遊びを通して育まれてきたことが，各教科等における学習に円滑に接続されるよう，生活科を中心に，合科的・関連的な指導や弾力的な時間割の設定など，指導の工夫や指導計画の作成を行うこと。

　学習指導要領に書かれている「幼稚園教育要領等に基づく幼児期の教育を通して育まれた資質・能力」については，保育所保育指針においても同じ内容のものが記載されている。これは，平成29年告示において，幼稚園と保育所を同様の幼児教育施設と位置づけたことの表れでもある。

> **(2) 幼児期の終わりまでに育ってほしい姿**
> 　次に示す「幼児期の終わりまでに育ってほしい姿」は，第2章に示すねらい及び内容に基づく保育活動全体を通して資質・能力が育まれている子どもの小学校就学時の具体的な姿であり，保育士等が指導を行う際に考慮するものである。（保育所保育指針第1章「総則」4「幼児教育を行う施設として共有すべき事項」）

　「幼児期の終わりまでに育ってほしい姿」として，ア 健康な心と体，イ 自立心，ウ 協同性，エ 道徳性・規範意識の芽生え，オ 社会生活との関わり，カ 思考力の芽生え，キ 自然との関わり・生命尊重，ク 数量や図形，標識や文字などへの関心・感覚，ケ 言葉による伝え合い，コ 豊かな感性と表現，と子どもたちに育っている資質能力を10項目で示し，学校教育段階としっかりと理解し合うことを目指している。

　しかし，このことは幼児教育が小学校の準備教育の場になるのではないことを明確に理解しておく必要がある。重要なことは，幼児教育における「ねらい」と「内容」を大切にして，その成果と課題を小学校へつなげるために共有することである。幼保小連携で大切なこととして，5歳児クラスの後半と小学

校1年生クラスの前半でつながりのあるスタートカリキュラムをデザインすることが挙げられる。これは，○○ができるという「到達目標」を設定するのではなく，資質・能力と学びに向かう姿勢等の視点で，幼児期の終わりまでに育ってほしい姿を基にした接続カリキュラムを考える必要がある。

5節　保育の質の保障

　保育の質を保障するために，研修の重要性が強調されている。そのためにまず大切なことは，保育者が自らの実践を振り返り，成果や課題をしっかりと自覚して保育を改善し続けることである。自ら学び続けることが重要である。また，保育者としての人間性を磨くことも重要である。特に，現代社会の特質や課題をしっかり理解し，子どもたちに将来どのような大人に育ってほしいのかをしっかりと考えながら保育する必要がある。

1　保育所保育指針第5章「職員の資質向上」

> (2) 保育の質の向上に向けた組織的な取組
> 　　保育所においては，保育の内容等に関する自己評価等を通じて把握した，保育の質の向上に向けた課題に組織的に対応するため，保育内容の改善や保育士等の役割分担の見直し等に取り組むとともに，それぞれの職位や職務内容等に応じて，各職員が必要な知識及び技能を身につけられるよう努めなければならない。

　「それぞれの職位や職務内容等に応じて」という文章には，キャリアパスを明確にして，それに沿った研修体系を策定するという意図が込められている。キャリアパスとは，ある職位や職務に就くために必要な職務経験とその順番やルートのことを示し，キャリアアップする道筋を示すものである。新人，中

堅，ベテランと経験を経ても「保育士」等の一律の職位に据え置くのではなく，「○○指導主任」などの職位を定め，その職位を得るための経験や研修を明確に定めて，職員の資質や専門性の向上を図るという考え方である。

さらに，職員の研修として，体系的な研修計画に基づく職場内での研修と，外部研修への参加機会が確保されるように努めなければならないとされている。そして，外部研修の成果は組織内で共有し活用することが望ましいということで，いわゆる保育における PDCA サイクルを進めることが重要である。

2 幼稚園教育要領第 1 章「総則」第 3「教育課程の役割と編成等」

---

1 教育課程の役割

各幼稚園においては，教育基本法及び学校教育法その他の法令並びにこの幼稚園教育要領の示すところに従い，創意工夫を生かし，幼児の心身の発達と幼稚園及び地域の実態に即応した適切な教育課程を編成するものとする。

また，各幼稚園においては，6 に示す全体的な計画にも留意しながら，「幼児期の終わりまでに育ってほしい姿」を踏まえ教育課程を編成すること，教育課程の実施状況を評価してその改善を図っていくこと，教育課程の実施に必要な人的又は物的な体制を確保するとともにその改善を図っていくことなどを通して，教育課程に基づき組織的かつ計画的に各幼稚園の教育活動の質の向上を図っていくこと（以下「カリキュラム・マネジメント」という。）に努めるものとする。

カリキュラム・マネジメントを通して，教育課程に基づいた組織的で計画的な教育活動の質の向上を図るためには，園長の方針のもとに，全教職員が分担し，連携しつつ，教育課程や指導の改善を進める必要がある。学校評価も教育課程の編成，実施，改善を中心とすることを踏まえ，カリキュラム・マネジメントと関連づけながら実施することにより，教育活動の質の向上につながるも

のとなる。このことは，カリキュラム・マネジメントは保護者や地域などの支援を経て工夫していくことでもあることを示している。

引用・参考文献

OECD 編　池迫浩子・宮本晃司著　ベネッセ教育総合研究所訳　学校，家庭，地域社会における社会情動的スキルの育成——国際的エビデンスのまとめと日本の教育実践・研究に関する示唆　OECD・ベネッセ教育総合研究所　2015（https://www.oecd.org/edu/ceri/FosteringSocialAndEmotionalSkillsJAPANESE.pdf）（2017 年 9 月 27 日閲覧）

厚生労働省　保育所保育指針改定に関する議論の取りまとめ　平成 28 年 12 月 21 日　社会保障審議会児童部会保育専門委員会（資料4）　2016（http://www.mhlw.go.jp/file/05-Shingikai-12601000-Seisakutoukatsukan-Sanjikanshitsu_Shakaihoshoutantou/04_1.pdf）（2017 年 9 月 17 日閲覧）

ヘックマン，J. J. 著　古草秀子訳　幼児教育の経済学　東洋経済新報社　2015

無藤隆・汐見稔幸・砂上史子　ここがポイント！3法令ガイドブック——新しい『幼稚園教育要領』『保育所保育指針』『幼保連携型認定こども園教育・保育要領』の理解のために　フレーベル館　2017

8章　保育内容と方法

1節　保育の基本と保育内容

1　保育の内容と方法の基本

　我が国において，初めて保育の輪郭として保育要領が示されたのは，戦後間もなくのことであった。その時代，子どもたちが置かれていた環境は，教育的にも衛生的にも，子どもたちの育ちにおいて望ましいものであったとは言いがたかった。その後70余年の時を経るなかで，子どもたちを取り巻く社会環境や家庭環境の変化などに応じながら，保育のあり方は検討が重ねられてきた。

　そのなかでも，我が国の保育の特色として大きな柱となっているのが，「遊び」を重視している点と，「環境による保育」であろう。しかしながら，保育所保育指針や幼稚園教育要領に示されている，保育の方法や内容の解釈は，

※写真と本文の内容は直接的には関係ありません。

各々の保育現場に委ねられるところが大きく，その実践の方法や重点は多様化している。

2017（平成29）年に，学習指導要領の全面改訂が行われた。そのなかで注目されているのが，アクティブ・ラーニングの視点の導入である。幼児教育の場面においても，「アクティブ・ラーニングの三つの視点を踏まえた幼児教育における学びの過程のイメージ」が教育課程部会幼児教育部会で示された。この「三つの視点」とは，「深い学び」「対話的な学び」「主体的な学び」である。しかし，これはまったく新しい視点ではない。これらは長く，保育現場において，子どもたちが自ら環境に働きかけながら，自分自身や仲間と遊びを創造し，遊びを深めていったその実践そのものなのではないだろうか。保育の方法や実践が多様化している現代，「子ども主体」「子どもの経験の重視」という保育の基本に立ちかえることが肝要である。

2　丁寧な子ども理解

「子どもの状況や発達過程を踏まえ，保育所における環境を通して，養護及び教育を一体的に行うことを特性としている」（保育所保育指針第1章「総則」）とあるように，保育は子ども一人ひとりに応じて，ひと・こと・もので構成される「環境」への子どもたちの主体的な関わりによる発達援助が基本となる。

近年は，発達保障という考え方や，発達に関連するさまざまな情報が氾濫している。また，保護者もわが子がさまざまな力を発揮してくれることへの期待を持つ背景などから，保育においても，〇歳の子どもたちには何をさせるべきか，何ができないといけないのか，という視点が強まりすぎてはいないだろうか。そのために，何の活動をしようか，何の遊びをさせようか，発表会には何をすればよいか……と，保育の内容ばかりが先走り，子どもの姿や学んでいることが置き去りになってはいないだろうか。

しかし，「保育は誰のためのものか」という根本に立ちかえれば，何よりも大切なのは，丁寧な子ども理解であることがわかるだろう。子ども理解につい

ては，本章３節で述べることとするが，保育の基本は，今，目の前の子どもた
ちは何が好きで，何をしたがっていて，どんな心の状態にあるのか……という，
子ども理解からのスタートである。

３　保育は生活と遊びによる営み

保育所保育指針には，保育の方法として「子どもが自発的・意欲的に関われ
るような環境を構成し，子どもの主体的な活動や子ども相互の関わりを大切に
すること。特に，乳幼児期にふさわしい体験が得られるように，生活や遊びを
通して総合的に保育すること」と明記されている。結果や目的が定まったもの
ではない「遊び」であるからこそ，子どもたちが自らの意欲をもって関わるこ
とができる。すなわち，遊びこそが，子どもたちが「主体として」関わってい
くことができる方法なのである。また、生活場面においても、子どもたちが主
体となって過ごす環境があることが大切である。保育は決して，「子どもたち
に何をさせようか」という大人主導の「活動」ではない。ときには大人から活
動が投げかけられることもあるが，それも丁寧な子ども理解に基づき，子ども
の「今」の興味や関心・育ちの姿に即したものでなければ意味をなさない。そ
して，それらの保育の内容は，友だちや保育者などの「ひと」や教具や遊具と
いった「もの」，展開されていく遊びなどの「こと」といった「環境」と子ど
もたちが関わり合うことで成される。

２節　保育内容と保育の領域

１　保育を構成する養護と教育の領域

保育には，「ねらい」や「内容」が具体的に把握されるために示されている，
「養護」と「教育」の２つの大きな領域がある。また，これらは保育の２本の
柱のように捉えられることが多いが，保育のなかで別々に展開されるのではな
く，一体となって実践されていく。養護の働きが充実することで，教育的な営

みが活かされ，それがまた新たな養護の働きを生む……と作用し合っている。

　養護の内容には，大きく「生命の保持」と「情緒の安定」の2つが挙げられている。教育の内容は，いわゆる「5領域」といわれる，「健康」「人間関係」「環境」「言葉」「表現」である。このような保育の内容としての「領域」は，1956（昭和31）年の幼稚園教育要領の改訂以降に示されるようになった。この領域の分類が，一見，学校教育における教科の分類と類似していることもあり，幼児の学ぶべき内容として混同されることが少なくない。しかし，これらの「領域」は，あくまでも発達を捉える視点であることに留意したい。

　養護と教育の内容が一体となって保育のなかで展開されていくのと同様，教育に含まれる5領域の内容もまた，一体となって子どもたちの学びや育ちとして現れるものである。つまり，何かの遊びや活動が，「言葉の領域の活動」「健康の領域の遊び」といったように展開されるものではない。子どもたちが過ごす日々を通じて，子どもたちが主体的に，意欲的に遊びこむことを通じて，保育所保育指針や幼稚園教育要領に示される「ねらい」が，子どもたちの発達の姿として，全体的に押し上げられるものである。

　しかし保育者は，子どもたちが体験するであろう遊びや生活のなかに，どのような「ねらい」を置き，どのような「内容」の展開を願うのか，という視点を持つことが大切である。保育者の意図や計画については，本章4節で解説する。さらには，今，目の前の子どもたちがその遊びや生活のなかで，どのような経験をしているのかを見取る視点が保育者には求められる。

2　遊びと生活のなかで学ぶ子どもたち──いろあつめの実践から

　次に，年少クラスでの実践事例から，保育内容と子どもたちの姿を概観する。

　「部屋のなかから，赤い色のものを集めてみようか」という保育者の提案から，年少クラスのたんぽぽ組で，いろあつめの活動が始まった。たんぽぽ組は，一人ひとりが「自分」の思いを発揮することに長けていて，パワーのあるクラスだった。一方で，「考えて取り組む」経験が少なかったこと，また，昨日・今日・明日……という時間への気づきが未熟である子どもがいたことから，数

図8−1
いろあつめスケジュール

図8−2
いろあつめ「くろ」

日間にまたがる活動を経験したいという、担任の思いがあった。

　その日、赤い色のものを集め終わると、子どもたちから次々と、「青もやりたい」「緑！」「ピンク！」と声が上がった。保育者は、子どもたちと話をしながら、一日一色ずつ色を決め、カレンダーに書き込んでいった（図8−1）。

　翌日からは、お集まりのなかでの声掛けではなく、テーマの色のものを、気づいた人が次々に置くことができる机が用意された。午前中の時間のなかで、子どもたちが思い思いにその色の物を置き、お集まりの際に集まったものを皆で見て、片づけをするという流れになっていった。集めたものは、保育者が写真に撮り、拡大してプリントアウトして、部屋に掲示していった（図8−2）。

　初めに決めたスケジュールが一通り終了した日、活動を続けるか、終わりにするか、保育者が子どもたちに問いかけた。子どもたちからは継続の希望が上がり、新たに「ちゃいろ」「はいいろ」などスケジュールが決まっていった。

　いろあつめが始まって11日目、その日のテーマは「はだいろ」だった。午

前の集まりの時間が近くなっても，色テーブルには何も置かれていなかった。前日まで活動が持続していたことから，保育者は子どもたちの意欲が低下したのではなく，「はだいろ」のイメージが子どもたちにないのだろうと推察した。そこで，お絵かきをしている子どもたちの輪に入り，「はだいろのクレヨン，これだって。この色がはだいろ，かな」と投げかけた。すると，子どもたちは各々，似た色のものを集めてきた。さまざまな色のものが集まったが，子どもたちの表情はあまりすっきりしない。保育者は，「はだいろ，って，『肌の色』ってことなんだよね。友だちと手をつないでみようか。手の色，違うよね。顔，違う色だよね。はだいろ，いろいろな色があるね。」と話し，子どもたちの集めてきた，さまざまな色のものを写真に撮ろうとした。すると直也が，「それなら今日の写真は，みんなの顔を撮ればいい！　はだいろだ！」と声を上げた。子どもたちは，納得がいった表情に変わり，集合写真を撮った。

　この活動を通じて，子どもたちはさまざまなことを経験し，学んだ。まずは，色というものを通じて，新たな視点で身の回りのものについて考えた。それらをあらためて出したり，片づけたりする一連の活動のなかで，生活をする保育室の環境へも主体的に関わった。2週間半続いた一連の活動は，時間の流れへの気づきのきっかけにもなった。カレンダーに書き込まれた色と文字により，文字への関心や学びが高められた子どももいた。仲間とともにする活動であるから，自分の考えをどのように周りに伝えるか，周りの考えを受け入れるか，考える場面ももちろんあった。「領域」という視点から捉えてみても，さまざまな領域にまたがりながら，総合的に育ち，学んでいることがわかる。子どもたちが主体的に活動に関わることにより，育ちや学びも深められている。

3節　丁寧な子ども理解と保育内容の構成

1　発達を促す保育内容の構成──すずめ組の水遊び

　1歳3カ月の春奈が，園庭で同じクラスの子どもたちのする水遊びを眺めて

いた。保育者が「遊ぶ？」と水の入ったタライを春奈のところに持ってきた。春奈はタライの水を触り，拍手をした。そして，水を触る，拍手をする，水を触る……と繰り返した。その後動きを止め，周りで水遊びをする他児を眺めた。手は何となしに水を触っていた。そのとき，同じクラスの高志がタライのところへ来た。春奈と高志は，バシャバシャと水をまき散らかせ始めた。保育者がボウルとスコップを二人が遊ぶタライへ入れた。高志は歩いて，スコップを取りに行った。春奈はタライの水をスコップではじいて遊び始めた。高志は元いた場所へ戻り，水をはじいて遊び始めた。春奈と高志は，同じタライの水を，それぞれスコップですくう，たたくなどして遊び続けた。

　この保育は，どのような「子ども理解」から構成されているのだろうか。

2　遊びの設定

　まず，目の前の子どもたちの「今」の姿，「今」という時期からくる，保育内容の設定がある。夏の時期，水との関わりは，大切な経験である。しかし，1歳児クラスのすずめ組では，プール遊びというかたちでは，子どもたちはまだ水と関わることが難しい。ともすれば，恐怖心や体力を消耗するばかりのネガティブな経験となってしまう。また，排泄のリズムや自立に個人差があり，皆で大きなプールを使用することにも難しさがある。1歳を過ぎたこのクラスの子どもたちが，「主体的に」「意欲的に」水と関わることができる活動，それが，タライに水をはっての水遊び，という内容として展開されている。

3　環境の構成と遊びの展開

　次に着目したいのが，環境の構成である。子どもたちの「今」にふさわしい活動とされた「水遊び」を，どのように展開することで，子どもたちが「主体的に」「意欲的に」十分に遊ぶことができるのか。

　タライはクラスに一つではなく，大小さまざまなものが複数用意され，1〜2人で一つを使用する環境となっていた。春奈も一度は遊びが止まりかけたが，高志が偶然同じタライで遊び始めたことで，響き合うように遊びを続けている。

途中から用意されたボウルやスコップも，全員が使うことができるよう，十分に用意されていた。この時期のすずめ組の子どもたちは，まだ物の貸し借りは難しい。他児が使っているものを使いたいと思って，待つことも難しい。使いたいものをすぐに手に取ることができる環境が，遊びの継続には重要である時期であり，春奈も高志も，スコップを手に取ってまた遊びを展開していた。

4　保育者の関わり

　保育者はまず，遊びを用意したうえで，春奈がその遊びに心を寄せるまで声をかけなかった。しかし，水遊びへ意識を向けた瞬間を見逃さず，声をかけ，春奈と水遊びとをつないだ。そして，スコップなどを出し，さらに遊びが広がるよう環境を整えている。保育内容は保育者が構成しているものであるが，春奈が自ら主体的に取り組み始めた遊びとなった。

　加えて，注目したい保育者の関わりは，春奈と高志を2人で遊ばせている点である。春奈には遊びの初めに新しいタライを用意したが，そこに参加した高志には，同じようにタライを用意することをしていない。これは，春奈は高志が参加することで遊びをやめることはないこと，むしろ広がることが期待できること，高志もまた同様であることを見取っていた結果の行動であろう。

　このように，子どもの姿を見取ることからスタートする保育内容の検討と，子どもたちと響き合いながらの展開があってこそ，子どもが育つ保育となる。

4節　保育者の意図性・計画性

1　子どもの育ちや経験への願い──メモリーカード遊びの場面で

　メモリーカードという，神経衰弱のような絵合わせのゲームがある。

　ある日，年少クラスで亮太が，昌人をメモリーカードに誘った。カードはすでに，机の上に亮太が並べていた。「順番を決めよう！」と亮太が提案し，「どちらにしようかな……」とリズムもでたらめに2人の頭上で手をぐるぐると回

し，自分の頭で手を止めた。「じゃぁ，僕からね」と，亮太がカードをめくり始めた。

　あらかじめ自分で，端から絵がそろうようにカードを並べていた亮太は，次々とカードを当てていく。「当たった！　もう1回！」「また当たった！　もう1回！」と，4枚（2組）を残すまで，亮太が一人で当て続けた。昌人は不満そうな顔をしながらも，何も言わなかった。残り4枚にかかると，そのカードは揃わずに並べられており，亮太は外し，昌人の番になった。昌人は残りの2組を当てた。カードがすべてなくなると，亮太は嬉しそうに「数えようか！！」と獲得したカードを数え，「亮太の勝ち〜！！」と喜んだ。昌人は「僕，もうやめた」とその場を離れていった。

　客観的にみると，明らかに亮太の「ズル」が仕組まれた展開の遊びであり，そのことを保育者が伝えることもなく，昌人がそう主張することを促すこともしていない。しかし，子どもの育ちを願う保育者の意図や計画が，このなかにもある。

2　保育内容を設定する計画

　この場面で亮太と昌人は，自分で好きな遊びを選んでいるが，少なくとも，「どの時期に」「どのような遊びが」クラスに用意されるかという点で，計画された保育内容の設定がある。このようなカードゲームが，子どもたちが自由に手にすることができるかたちで用意されているということは，子どもたちだけで，ある程度の集団のルールの下で，自分たちで遊具としてのカードゲームを管理しながら遊びを展開することができる，ということである。そのなかで，子どもたち同士でのやりとりを通じた経験に保育者は期待しているのだろう。

3　子どもたちへの願いとしての保育者の意図

　とはいえ，亮太も昌人も，幼い姿が多く感じられる。

　亮太は，ゲームを展開するうえでの平等への意識がまったく欠けている。そのことに対する罪悪感すらまだない様子である。しかし，すべてのカードを当

てなかったことから，若干の罪悪感や「これをしたらまずいのではないか」という意識があったことが感じられる。

　一方の昌人は，不満そうな顔をしていたが，口にはしなかった。この不満が，自分が負けそうだという不満なのか，明らかな「ズル」が仕込まれたゲームへの不満なのかはわからない。とにかく，表情や，「もうやめた」と去るという行動から，ある程度の抗議を亮太に示していた。

　もし，この場面で保育者が，「それはおかしいと思うよ」と介入したとしたら，保育者がルールを再確認して教示することになっただろう。そこから亮太のなかに生じる思いは，「先生に怒られるから，ルールは守らないといけない」というものとなってしまう。しかし，亮太が周囲の友だちとどのようにつながればよいのか，そのなかでルールを守る必要性などを学ぶためには，ズルが通用しなくなる，友だちから指摘をされる，「亮太とはもう遊ばない」と友だちに言われる経験などが必要となる。このような子どもの姿の見取りに始まり，子どもたちが自ら，友だちとの関係を結ぶなかでの学びに委ねようとする保育者の意図や願いがある。そして，そのような経験が可能となる「遊び」（この場合はゲーム）が意図的に用意されている。

4　保育者の意図が子どもの育ちとして見えるとき

　これまで述べてきたように，保育者は子どもに経験させたい，こんな育ちをしてほしいといった，ねらいや願いを意図して保育を計画する。しかし，その願いやねらいは，一度の，または一つの活動を経たことですぐに実現しないこともある。

　メモリーカードのエピソードのように，その場では目に見える形での達成がないことのほうが多いかもしれない。それでも，子どもたちがその一つひとつを自分のこととして経験することに大きな意味がある。

5節　個の育ちと集団の育ち

1　「一人ひとりを大切に」する集団での生活

　保育現場は，一人ひとりが育つべき場であるが，その一人ひとりが集まった集団という側面がある。特に現代では，地域の変容や核家族化といった背景があり，保育現場における集団の経験には，大きな期待がある。しかし，集団として望まれる姿に保護者や保育者の意識や期待が集約され，一人ひとりの育ちがおざなりになってしまう事例も少なくない。保育現場では，子ども一人ひとりが主体として育ち，学ぶことが基盤にあることを忘れてはならない。

2　集団のなかでの，個の学び・育ち

　集団のなかにあっても，子どもたち一人ひとりが安心して主体的に学び，それが子どもや保育者との間で響き合い，学びが深まることで，よりいっそう主体的な学びが促されていく。この，「一人ひとりの主体的な学び」が実現するためには，子どもたち一人ひとりが「自分は受け入れられている」という十分な安心感が基本になければならない。この，「一人ひとりが安心して主体として活動する」ことと「集団の育ち」について，事例を通して考えていく。

　年中のゆり組の入口の壁に，7月ごろから「ゆりぐみびじゅつかん」が設えられた。机には，子どもたちが「おうちの人に見てほしい！」「取っておきたい！」と言った積み木やブロックなどの作品が置かれた。壁には，子どもたちが個々に描いた絵や，友だちと遊びながら作り上げた絵など，さまざまなものが貼られている（図8－3）。この日は、工作・粘土・ブロックの作品が机の上にあった。壁面には、絵や野菜スタンプ、虫がいる木の共同作品がある。

　ある日には，女の子たち数人が大きな紙に，思い思いのケーキやドーナツをたくさん描き，友だちも描き込み，「スイーツパーティーだ！！」と作り上げた絵が貼られていた。また，休みの日に家族と旅行をした思い出を描いた絵や，自分が見た草花を描いた絵が貼られることもあった。子どもたちが各々描いて

切り抜く，折り紙で作るなどした昆虫が，保
育者が作った木にどんどん貼られていく時期も
あった。

　子どもたちは，お迎えの際に，自分の作品や
友だちの作品を保護者に見せる。互いの作品を
見合うこともある。大きな賞賛があるわけで
もないが，「おいしそうなドーナツがたくさん
だね」「（積み木で）トレーラー作ったんだね」
「かっこいいカブトムシだね」など，声をかけ
られるだけで嬉しそうであった。

　この「ゆりぐみびじゅつかん」は，子どもた
ちの「みんなに見てほしい」という「受け止め
てほしい思い」と，それを掲示する保育者，見
てくれる保護者や友だちという「受け止める
側」の両方があって，育ちの大きな基盤となる。

図８－３
ゆりぐみびじゅつかん（一部）

そのことが，もっとやってみたい，と子どもたちの意欲をかきたて，活動を深
め，促す。また，多様な作品が飾られていることからも，大人側からの「こう
あってほしい」という願いが形になっているのではなく，子どもたちの「やっ
てみたい」という関心・意欲を起点にした活動の広がりであることがわかる。

　それがさらに，子どもたち同士で刺激をし合って，一緒に作品を作る・友だ
ちの真似をしてみる・新しいアイデアを出す・伝えたいことを形にする……と，
「みんなのなかの自分」が活きるかたちで，「みんな（集団）」として育っている。

3　集団のなかで「私」がつまずくとき

　集団のなかでは，常に自己実現や自己充実が保障されているわけではない。
びじゅつかんの作品をめぐっては，次のようなエピソードもあった。

　あるとき，翔の描いた絵を見ながら，ひな子が「翔くんは上手だな。ひな子
は翔くんみたいには描けない。ひな子はへったくそだ」と母親に話した。ひな

子の母親は，「母さんはひな子の絵，大好きだよ。とっても素敵だと思うもん」と話すが，「ひな子，へったくそだから」と翔の絵を見ていた。

　また，びじゅつかんの作品は，定期的に入れ替わる。掲示スペースが狭くなることで，はがされる作品もある。ブロックや積み木の作品については，作品を残すことで使うことのできる玩具が減ってしまうため，「おうちの人に見てもらったあと，夕方には保育者が片づける」というルールも決まっていった。

　このように，集団のなかでは，いつでも「私」が成功を体験し，充実をすることがかなわないこともある。周囲との調整で引かなければならないとき，くじけるとき，さまざまな体験がある。しかし，そのことで自分が否定されるのではないことを，日々受け止めてもらう経験がしっかり重なっているゆり組の子どもたちはわかっている。活動の基盤に安心感があるとき，「他児へのあこがれ」や「他児との調整」は新たな学びとなり，さらに学びの原動力となる。

　その後，ひな子も絵を描くことを嫌がったかというと，決してそんなことはなかった。ときおり「上手に描けない」「友だちのほうが上手だ」と言うことはあるものの，みんなと自分を感じながら自分を表現していっていた。

　保育には，集団のよさがある。しかし，その基本は子どもたち一人ひとりである。集団のよさを生かして，個がどのように育つことができるかが鍵となる。

引用・参考文献

秋田喜代美　「主体的な遊びを育てることの価値とアポリア」　発達38（150）　ミネルヴァ書房　2017
鯨岡峻　保育の場で子どもの心をどのように育むのか——「接面」での心の動きをエピソードに綴る　ミネルヴァ書房　2015
厚生労働省　保育所保育指針　2008，2017
宍戸健夫・阿部真美子編　保育思想の潮流　栄光教育文化研究所　1997
柴崎正行編　保育内容と方法の研究　栄光教育文化研究所　1997
林牧子　「遊びを支えるものとしての保育者」　小山高正・田中みどり・福田きよみ編　遊びの保育発達学　川島書店　2014
松本信吾　「子どもの主体的な遊びを支える保育者の役割とは」　発達150　ミネルヴァ書房　2017
文部科学省　幼稚園教育要領　2008，2017

9章　保育の計画・実践・評価

1節　なぜ保育の計画が必要なのか

　保育所，幼稚園，認定こども園（以下，園と表記）は，子どもが生活する場であり育つ場である。保育者は子どもがよりよく活動し，よりよい経験ができるよう状況や環境を整える役割がある。そのためには，目的とねらいを定め，それを達成するためにふさわしい内容を事前に構想し，保育をデザインする必要がある。

　例えるならば，保育計画は保育実践における「地図」のようなものである。やみくもに進むのではなく，目的地を定め，その目的に応じて経路を考えていく。その目的に至る道は何通りもあり，目の前の子どもたちや園の状況に応じて設定し，適宜修正しながら進んでいくものである。また，時には迷うことも

※写真と本文の内容は直接的には関係ありません。

あるかもしれない。そのときは，保育計画という「地図」で現在地を確認し，目的地への順路を再度確認する必要がある。

このように，保育の計画を立てることは実践の前に必要な手続きであり，保育の営みの一部でもある。子どもと保育者が共に育ち合うために計画をきちんと立てることが求められている。乳幼児期の発達を理解し，一人ひとりの子どもの実態を把握して，計画を作成し，見通しを持って保育することで，園が子どもにとって安心できる心地よい生活の場となることが可能になる。

2節　保育の計画の役割

1　全体的な計画の必要性

保育所保育指針の第1章「総則」の3「保育の計画及び評価」には，「各保育所の保育の方針や目標に基づき，子どもの発達過程を踏まえて，保育の内容が組織的・計画的に構成され，保育所の生活の全体を通して，総合的に展開されるよう，全体的な計画を作成しなければならない」とあるように，保育の計画の重要性が指摘されている。この全体的な計画とは，入所から退所までの子どもの長期的な指導計画だけではなく，保健計画や食育計画など，各園の全体像を包括的に示すものとして独自性や創意工夫が求められている。

また，幼稚園教育要領の前文には以下のように記されている。「教育課程を通して，これからの時代に求められる教育を実現していくためには，よりよい学校教育を通してよりよい社会を創るという理念を学校と社会とが共有し，それぞれの幼稚園において，幼児期にふさわしい生活をどのように展開し，どのような資質・能力を育むようにするのかを教育課程において明確にしながら，社会との連携及び協働によりその実現を図っていくという，社会に開かれた教育課程の実現が重要となる」。

幼稚園教育で育みたい資質・能力である「知識及び技能の基礎」，「思考力，判断力，表現力等の基礎」，「学びに向かう力，人間性等」という3つの柱，さ

らに,「幼児期の終わりまでに育ってほしい姿」を踏まえて教育課程を編成していく必要があるという点が指摘されている。

　幼保連携型認定こども園教育・保育要領の第1章「総則」第2「教育及び保育の内容並びに子育ての支援等に関する全体的な計画等」では,「教育と保育を一体的に提供するため,創意工夫を生かし,園児の心身の発達と幼保連携型認定こども園,家庭及び地域の実態に即応した適切な教育及び保育の内容並びに子育ての支援等に関する全体的な計画を作成するものとする」とある。家庭や地域の実態,園内の保育内容や子育て支援に関する包括的な計画の必要性が指摘されている。

　以上,各指針・要領では,園の保育教育目標を達成するために,全体的な計画を作成する必要性が指摘されている。それは園内の保育内容を踏まえた計画だけではなく,保健計画,食育計画,延長保育,預かり保育,地域の子育て支援など各園で取り組みを関連づけながら包括的に示す計画を意味していた。さらに,各園では全体的な計画を踏まえ,以下のような指導計画を立案していく必要がある。以下では指導計画を作成する上でのポイントを整理しておこう。

2　長期の指導計画と短期の指導計画

　指導計画を作成する上では,長期と短期という二つの視点に分けて計画を立案する必要がある。全体の保育計画や教育課程があり,それを具体化したものとして長期の指導計画,さらに短期の指導計画がある。

　長期の指導計画とは,長期的に子どもの発達や行事などを含む子どもの生活を見通しながら年,学期,月などにわたる長期的な視野で作成された計画のことである。それぞれ「年間指導計画」,「期案」,「月案」などと呼ばれるものである。また,短期の指導計画とは,長期の指導計画と関連を保ちながらより具体的な幼児の生活に即した週,日などの指導計画のことである。それぞれ「週案」,「日案」と呼ばれるが,各園の生活の流れや発達の連続性を踏まえて指導計画を立案していく必要がある。

3　発達を踏まえた指導計画

　各園では，子どもの生活や発達を見通した長期的な指導計画と，それに関連しながら，より具体的な子どもの日々の生活に即した短期的な指導計画を作成しなければならない。

　特に，保育所や認定こども園ではさまざまな年齢の子どもがおり，それぞれの発達に応じた計画が必要である。例えば，3歳未満児については，一人ひとりの子どもの生育歴，心身の発達，活動の実態等に即して，個別的な計画を作成することが求められるし，3歳以上児については，個の成長と，子ども相互の関係や協同的な活動が促されるよう配慮する必要がある。

　また，異年齢で構成される組やグループでの保育においては，一人ひとりの子どもの生活や経験，発達過程などを把握し，適切な援助や環境構成を工夫する必要があるだろう。また，同じ活動でも発達に応じてねらいを調整するなど指導計画を作成する段階から考慮すべき点はさまざまである。

　また，指導計画を立案するにあたっては，発達だけではなく，生活の連続性や季節の変化，子どもの興味関心に応じて，子どもたちに必要な経験は何かを考えながら計画を立てる必要がある。

　「年間指導計画」に含めるべき項目としては，「年間目標」と1期（4〜5月），2期（6月〜8月），3期（9月〜12月），4期（1月〜3月）に分けた「子どもの姿」，「期のねらい」，「5領域の内容」，「援助と配慮」，「家庭との連携」などの項目で年間の計画を立てることが必要である。

　「月案」に含めるべき項目としては，「ねらい」や「子どもの姿」とともに，5領域ごとの「内容」や「環境構成のポイント」，「予想される子どもの活動」，「保育者の配慮・援助」，さらに「家庭・地域との連携」などの計画を立てる必要がある。

4　特別な配慮が必要な子どもの指導計画

　園には，障害のある子どもや外国籍の子どもなど特に配慮が必要な子どもがおり，通常の活動には参加が難しいケースもあるだろう。障害のある子どもの

保育については，一人ひとりの子どもの発達過程や障害の状態を把握し，適切な環境の下で，障害のある子どもが他の子どもとの生活を通して共に成長できるよう，指導計画の中に位置付ける必要がある。また，子どもの状況に応じた保育を実施する観点から，家庭，地域及び医療や福祉，保健等の業務を行う関係機関との連携を図り，長期的な視点で子どもへの支援を行うために，個別の教育支援計画を作成し活用することに努めるとともに，個々の幼児の実態を的確に把握し，個別の指導計画を作成し活用することが求められる。また，外国籍の子どもや海外から帰国した子どもなど，生活に必要な日本語の習得に困難のある幼児については，安心して自分を表現できるように配慮する必要がある。また，個々の子どもや家庭の実態に応じ，指導内容や指導方法の工夫を組織的かつ計画的に行うことも求められる。

5　社会に開かれた教育課程の意味

　幼稚園教育要領では，新しく「社会に開かれた教育課程」という視点が加わり，預かり保育や子育て支援などの教育課程以外の活動の充実が期待されている。このような預かり保育や子育て支援は，園によっては「未就園児クラス」や「親子教室」といったかたちで展開されてきた。今回の改訂により，このような活動もきちんと計画を立案し，就園児の全体の計画との関連も含めて編成することが求められることになる。

　このような預かり保育の計画は，教育課程に合わせたものである必要がある。預かり保育を担当する保育者だけではなく，クラス担任や主任などを交えて，協議する。そして，教育課程において「子どもたちに何を育てたいのか」という点を共有したうえで，その連続性のなかで預かり保育の計画を立案する必要がある。

　また，預かり保育では，地域の人的な資源を生かしながら子どもの生活世界を豊かにすることが望まれている。地域の人的・物的資源である，自然環境，地域住民や高齢者，さまざまな人材・公共施設などを活用することで，多様な預かり保育の計画が編成できるだろう。

　保育所保育指針第4章においても，「地域に開かれた子育て支援」という項目に，「地域の子どもに対する一時預かり事業などの活動を行う際には，一人一人の子どもの心身の状況などを考慮するとともに，日常の保育との関連に配慮するなど，柔軟に活動を展開できるようにすること」と書かれている。

　このように，園内だけではなく，社会全体に開かれた計画を立案することが求められている。それは，保育所・幼稚園・認定こども園が地域の幼児教育と子育てのセンターとしての役割を果たしていくことにもつながるのである。

6　カリキュラム・マネジメントの重要性

　保育所，幼稚園，認定こども園では，各園で保育教育課程が立案される。しかし，より重要な点は，ただ立案するだけではなく，適宜，実施しながら評価・改善をすることである。

　幼児教育におけるカリキュラム・マネジメントとは，各園が創意工夫を生かして，5領域のねらい及び内容を相互に連携させながら，「幼児教育において育みたい資質能力」の実現に向けて，子どもの姿や地域の実情をふまえつつ教育（保育）課程を編成し，各指導計画を計画・実施すること，またそれらの評価・改善を図っていくことである。

　カリキュラム・マネジメントのポイントは以下の3点である。

　第一に，教育目標・保育目標の設定とねらいと内容の組織化である。単に，制作活動や外遊びといった活動内容を決めるのではなく，何をねらいとして制作活動を行うのか，さらには，その活動が子どもたちのどのような育ちにつながるのかを長期的な視点で読み取る必要があるだろう。

　第二に，PDCAサイクルの確立である。教育課程の編成は，計画を立てる（Plan），実践する（Do），評価する（Check），改善する（Action）といった一連のサイクルを循環させていく必要がある（図9－1）。

　第三に，園全体でチームとなり協同して行うことである。カリキュラム・マネジメントは園長や主任といった特定の保育者が行うべきものではない。一人ひとりの担任や，園全体で協議しながら行うべきものである。例えば，月案を

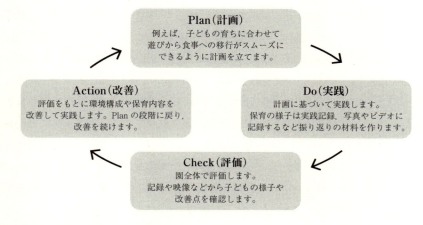

Plan（計画）
例えば，子どもの育ちに合わせて
遊びから食事への移行がスムーズに
できるように計画を立てます。

Action（改善）
評価をもとに環境構成や保育内容を
改善して実践します。Plan の段階に戻り，
改善を続けます。

Do（実践）
計画に基づいて実践します。
保育の様子は実践記録，写真やビデオに
記録するなど振り返りの材料を作ります。

Check（評価）
園全体で評価します。
記録や映像などから子どもの様子や
改善点を確認します。

図9－1　PDCA サイクルのイメージ図

持ち寄り，各学年やクラスごとにその月の保育を報告しあう。さらにそこから，翌月の月案や行事への教育目標を立てていくことが必要だろう。このように，園全体がチームとなり，各クラスの実践のよかったところ，足りていないところを協議することがカリキュラム・マネジメントには必要なのである。

3節　保育実践の評価の方法

近年，乳幼児教育の評価に関する研究が注目されるようになってきている。それは保育の質を向上させていくために，一人ひとりの保育者や各園で取り組むことが望まれているものである。以下では代表的な保育評価と保育カンファレンスなど，研修について考えていこう。

1　世界の保育評価の概要

まず「保育環境」を評価しようとする試みがある。環境評価には，園舎や園庭，遊具，教材，素材，自然物といった物的環境と，クラスサイズ，保育者一

人あたりの子どもの数，さらには養成や研修，労働環境，関わり方など人的環境をも含んだ評価がある。この環境評価として最も知られているものは，アメリカとイギリスで開発された ECERS（Early Childhood Environment Rating Scale）である。これは 1980 年にテルマ・ハームスとリチャード・クリフォード，デビー・クレアによって開発され，その後改訂版が 1998 年に公刊された（邦訳：ハームス他，2009，2016）。さらに改良されたものが 2005 年に公刊された ECERS-3 であり，これは，6 つのサブスケール（空間と家具，個人的な日常のケア，言語とリテラシー，学習活動，相互関係，保育の構造）と 35 の下位項目（保育室の広さ，保育衛生，設備・備品，教材・教具，保育者の関わりの様相などを項目に分けたもの）から構成されている。これらは，単に環境が整っているか（物品がある・ない）だけではなく，「保育者の視点」や「子どもとの関わり方」が大切にされている。

　他方で，「保育のプロセス」を評価しようとする研究もある。ベルギーで開発された SICS（Process-oriented Self-evaluation Instrument for Care Settings：保育施設のための過程重視の自己評価指標）は保育者の自己評価のツールとして知られている。SICS は，保育の質を情緒的な「安心度」と「夢中度」，「大人の関与」の三つの視点から 5 段階評定で評価しようとするものである。その意味で，子どもが情緒的な安定を得て遊びに没頭し，夢中になって遊んでいる過程（プロセス）を保育者の自己評価によって評価しようというものである。これは，子どもの経験や活動過程が高く評価できない場合，物の配置や環境構成，保育者の関わり方のどこに問題があるかを振り返るのに役立つ。

　また，「保育者と子どもの相互作用」に着目した評価指標に，SSTEW（Assessing Quality in Early Childhood Education and Care: Sustained Shared Thinking and Emotional Well-being）（シラージ他，2016）がある。この SSTEW には，「信頼・自信・自立の構築」，「社会的・情緒的な安定・安心」，「言葉・コミュニケーションを支え，広げる」，「学びと批判的思考を支える」，「学び・言葉の発達を評価する」といった 5 つのサブスケールがあり，その下位に 14 の項目（①自己制御と社会的発達，②子どもの選択と自立した遊びの

支援，③小グループ・個別の関わり，保育者の位置取り，④社会情動的な安定・安心，⑤子ども同士の会話を支えること，⑥保育者が子どもの言葉を聴くこと，子どもが他者の言葉を聴くように支えること，⑦子どもの言葉の使用を保育者が支えること，⑧感受性豊かな応答，⑨好奇心と問題解決の支援，⑩お話・本・歌・言葉遊びを通した「ともに考え，深めつづけること」，⑪調べつづけること・探求を通した「ともに考え，深めつづけること」，⑫概念発達と高次の思考の支援，⑬学びと批判的思考を支え，広げるための評価の活用，⑭言葉の発達に関する評価）がある。

　これらの項目は，特に保育者の関わり方に焦点を当て，保育計画や学びのための環境構成，保育者と子どもの相互関係に注目しているので，保育者の資質の向上に効果があると期待されている。

　その他に，「保育記録」や「エピソード記述」といった日々の実践記録から保育を振り返ることも保育者の自己評価につながる。自分と子どもとの関わりを丁寧に言語化し，そのときの子どもの感情や保育者の意図などを他者に伝わるように書き言葉にすることで，無意識的に行っていた保育行為の意味が意識化されるのである。このような保育記録と評価を結びつけた実践としては，ニュージーランドのナショナル・カリキュラムである「テ・ファリキ」（マオリ語で「織物」の意）があり，その枠組みに沿った評価である「ラーニングストーリー」が注目されている。ラーニングストーリーとは，子どもが何かに挑戦している様子を写真と言語記録をもとに編集して「学びの物語」として記録していくものである。ラーニングストーリーは，子どもの育ちの記録として，保護者との連携，さらには小学校への接続にも活用されている。

　日本において，テ・ファリキに相当するのが幼稚園教育要領や保育所保育指針等である。メモによる記録やデジタルカメラなどを利用してエピソード記述（第一次考察）を書き，カンファレンスを経て，リライト（第二次考察）することで，時間の経過に伴う子どもの変容や保育者自身の子ども理解の枠組みに関する変化を捉えることが可能になるだろう。

2　10の姿を手がかりに評価を行う

　また，評価に関して言えば，「幼児期の終わりまでに育ってほしい10の姿」を手がかりにしながら，各年齢に応じて子どもの育ちを読み取ることも重要になってくるだろう。

　ただしこの10の姿は，5歳児修了時に完全にできるように育てなくてはならない到達目標ではない。育ちの方向性として，そして，立ち止まって保育の現状を評価するときの手がかりとして押さえておくとよいだろう。

　10の姿は，5歳児になって突然，育っていくものではない。また，年長クラスの担任だけが意識すべきものではない。乳児期から幼児期へと各年齢に応じた発達の連続性をふまえた支援と指導が求められる。

　例えば，積木遊びや砂遊びでは，「協同性」や「言葉による伝え合い」が育っているのかという視点から，またトマトの栽培活動では，「自然との関わり・生命尊重」や，絵本や図鑑などで育て方を調べることで「文字などへの関心・感覚」という視点から子どもの育ちを読み取ることが可能だろう。

3　保育カンファレンスと研修

　保育の反省や評価は自分一人だけで行うことは難しい場合が多い。そのような場合に，同僚や園外の者に実際の保育や記録をみてもらい，それに基づいて話し合うことによって，一人では気づかなかった子どもの姿や自分の保育の課題がみえてくることもあるだろう。このような，事例を基にした意見交換や協議を保育カンファレンスと呼ぶ。この保育カンファレンスを園内で実施し，お互いの保育観や問題意識が共有されることで園全体の評価にもつながり保育の質の向上へとつながることにもなる。

　保育カンファレンスでは，通常，保育をさまざまなかたちで記録にとる。実際に保育を参観していない者にも伝わるように，場面記録やエピソード記述などを用いて記録するのである。その際は保育者の問題意識や問いなどが，その記録のなかに記録されていると議論が深まりやすい。また，保育実践をビデオやカメラで撮影して，その映像をもとに保育者の意図や子どもの姿を職員間で

共有する方法もある。最近では写真などを用いた保育評価についても研究が進められている。

　例えば，兵庫県教育委員会の『「幼児理解を極める」をめざして――幼児期の教育の質を高めるためのエピソードの記録・保育カンファレンス』（2016年）という「指導の手引き」がインターネット上で公開されているので参照してほしい。

　保育実践の一つの場面を掘り下げて，子どもの経験がどのような育ちにつながっているのかを考えたり，よりよい支援のあり方を考えたりする方策として，保育カンファレンスは有効な園内研修の一形態となるだろう。また，園内で保育カンファレンスを行うことで，園の職員間で子ども理解や保育方針などを共有することができる。時には，自分の子ども観と他の保育者の捉え方が異なっている場合もあるだろう。自己と他の保育者の捉え方の違いから，自らの保育実践の狭さや問題意識がみえてくることもあるだろう。このように，複数の視点から，子ども理解や支援のあり方を議論しあうことは園全体の保育の評価につながる。

4　保育を言語化する必要性

　保育カンファレンスの他にも，園内外のさまざまな研修会に参加することも保育者の質の向上には必要なことである。ただし，研修に「受け身」で参加しても学ぶことは少ない。重要なことは，日々の保育の際に，困ったことや悩みを整理して，問題意識を持ち，研修に参加することである。わらべうたや特別支援教育などテーマが決まっている研修会もあれば，グループになり自分たちでテーマを決め共同研究を進めていく形態のものもある。それぞれの研修会に問題意識を持ち主体的に参加することで，より多くのことを学ぶことができる。研修とは研究と修養であるゆえ，現場の保育者が自主的に保育を見直し，改善・向上を試みることが欠かせない。

　園内外の研修をより充実したものとするためには，日頃の保育から準備が必要である。研修のなかでは，保育者自身が自分の言葉で，自分の保育を語るこ

とが必要になる。例えば，なぜその状況でその声かけをしたのか，なぜあのトラブルの場面で見守ったのか，といった保育行為の背後にある意図を明確に言葉にすることが求められる。このようなことから，日頃から，可能な限り，保育のなかでの「気づき」や「戸惑い」などを書き言葉で記録しておくとよいだろう。このように日々の保育を言葉にして記録にとることで，問題意識が明確になり，さまざまな研修会に臨むときも，自らの経験を語ったり，事例として参照したりすることができるのである。

参考文献

OECD編著　星三和子・首藤美香子・大和洋子・一見真理子訳　OECD保育白書——人生の始まりこそ力強く：乳幼児期の教育とケア（ECEC）の国際比較　明石書店　2011

岡花祈一郎・杉村伸一郎・財満由美子・松本信吾・林よし恵・上松由美子・落合さゆり・山元隆春　「『エピソード記述』による保育実践の省察——保育の質を高めるための実践記録と保育カンファレンスの検討」　広島大学学部・附属学校共同研究機構研究紀要，37　2009

鯨岡峻・鯨岡和子　保育のためのエピソード記述入門　ミネルヴァ書房　2007

厚生労働省　保育所保育指針　2017

シラージ，I., キングストン，D., メルウィッシュ，E. 著　秋田喜代美・淀川裕美訳　「保育プロセスの質」評価スケール——乳幼児期の「ともに考え、深めつづけること」と「情緒的な安定・安心」を捉えるために　明石書店　2016

内閣府・文部科学省・厚生労働省　幼保連携型認定こども園教育・保育要領　2017

日本保育学会編　保育講座③　保育のいとなみ——子ども理解と内容・方法　東京大学出版会　2016

ハームス，T., クレア，D., クリフォード，R. M. 著　埋橋玲子訳　保育環境評価スケール② 乳児版〔改訳版〕　法律文化社　2009

ハームス，T., クリフォード，R. M., クレア，D. 著　埋橋玲子訳　新・保育環境評価スケール① 3歳以上　法律文化社　2016

兵庫県教育委員会　指導の手引き　「幼児理解を極める」をめざして——幼児期の教育の質を高めるためのエピソードの記録・保育カンファレンス　2016（http://www.hyogo-c.ed.jp/~gimu-bo/youtien/H27tebiki.pdf）

文部科学省　幼稚園教育要領　2017

10章　保育所に期待される連携

1節　子育て支援の連携

1　子育て支援が求められる背景と必要性

　近年，日本における子どもを取り巻く状況は，核家族化や少子化に加えて，都市化により地域社会とのつながりが希薄化したことによって，近隣に友人，知人，親戚もいない子育て家庭が増してきている。さらに，一人で子育ての問題を抱えている保護者によるいわゆる「育児の密室化，孤独化」が問題となっている。1970年代後半から出生数は低下傾向にあり，その中で育った世代はきょうだいや近隣に子どもが少ない中で，横割りの同世代の人間関係の中で育ってきた。このような世代が有する，自分より幼い子どもに対する理解の不足という世代特性と，そこから生じる子育て不安の深刻さが指摘されている。

※写真と本文の内容は直接的には関係ありません。

　また，女性が基本的に子育てをしなければならないという封建的な考え方や，3歳児までは母親の手で育てなければならないという「3歳児神話」が，年配者を中心にいまだ根強く，これら二つのことが結果的に母親に精神的負担感をもたらすことにつながっている。離婚などによる一人親家庭の増加も，さらに子育てに対する精神的，経済的負担感を増大させている。

　このような状況に加えて，さまざまな経済指標の上では景気は上向いているものの，勤労者の実質賃金がほとんど上昇していないという「不景気」や，職場の経費削減や人手不足化によって多忙化に拍車がかかり，これらが各家庭にも影を落としている。職場での多忙化や過労が，家庭内での親の多忙感，過労感につながり，時間的・精神的・身体的に余裕のない保護者が増えてきていることにあらわれている。一方では，しつけや教育に自信のない保護者，過干渉や過保護，放任の保護者なども増加している。親による子どもへの虐待は，「児童虐待の防止等に関する法律」（2000年）以降も増加しており，不安，孤立，孤独，焦燥，いらいらの中で子育てをしている親の追い詰められた姿の結果ともいえよう。そのため社会全体で子どもを産み，育てやすい環境が整えられていくことが必要とされ，保護者の育児への負担やストレスを軽減し，子育てが楽しいと思えるような支援のネットワークづくりが緊急に求められている。

2節　国と地域の「子育て支援」政策・施策

　わが国の出生数は1975年以降，年々減少してきた。政府は少子化対策として，1994年のエンゼルプラン，2000年の新エンゼルプランに続いて，2002年に「少子化対策プラスワン」，2003年には少子化社会対策基本法，次世代育成支援対策推進法，2004年には「子ども子育て応援プラン」を順次策定して，2005年から2009年までの少子化に対する具体的施策内容と目標を掲げた。具体的には，待機児童の解消のために受け入れ児童数を集中的に拡大させること，多様な保育ニーズへの対応と充実のために延長保育，休日保育，一時保育，夜

間保育，病児・病後児保育などの特別保育事業の実施，そして地域子育てセンター事業の推進などである。さらには，幼稚園と保育所に地域の子育て支援のセンターとしての役割をより強く求めたり，地域の人的資源の活用（地域の有用な人材を子育て支援に活用する，母親のサークルや仲間づくりを支援するなど）を促したりするなど子育て支援に対する積極的な取り組みが推進されている。これらの施策には，子育て家庭を国，地方公共団体，企業，地域の全体で支援していくという基本的な考え，そして，在宅育児・放課後児童対策も含めた地域の子育て支援の充実，仕事と子育ての両立など働き方の見直し（ワーク・ライフ・バランス）なども含めてすべての子どもと家庭を大切にするという基本的な考えが込められている。

　2006 年に改正された教育基本法では，第 10 条に家庭教育の規定が新たに設けられ，親による家庭教育の重要性と国・地方公共団体の家庭教育に対する支援努力義務が盛り込まれた。地域，学校，職場，行政が一体となって，子育ての基本となる家庭教育の充実への取り組みが進められている。

3節　保育所による子育て支援

　これまで保育所は，働く親のための保育支援とその乳幼児の保育をその主たる役割としてきた。そのため，地域の子育て支援は保育所を中心として展開されてきた。しかし，しかし，2008 年（平成 20 年）告示の保育所保育指針では，保育所に通わせていない家庭についても，親の子育て相談，保育所開放，子育てサークルの支援と育成などの活動を通して地域に貢献することが明記された。このような地域子育て支援センター事業は，現在，市町村が実施主体となって保育所やその他の医療施設などを指定して実施することになっている。

　2017（平成 29）年に告示された保育所保育指針では，これまで「保護者に対する支援」とされていた部分が「子育て支援」として示されている。これは子どもを社会全体で育てるという「子ども・子育て支援新制度」の理念を反映

させて，保育所も子育て支援の一翼を担う施設であることを明確にしたものである。一部前述したように，平成20年告示の保育所保育指針でも，保育所に通わせている保育者の支援だけでなく，保育所に通わせていない保護者に対する支援が，義務または努力義務とされた。また，同じ頃からファミリー・サポート・センターも，子育てと就労の両立支援策として創設され，NPOなどの支援団体が急速に増加するなど，地域で互いに支え合って生きていく仕組みをどのように構築していくかがポイントになっていた。

　平成29年告示の保育所保育指針の改定では，このような流れを受けて，保育所もこのような流れの一翼を担うことがこれまで以上に明確にされ，さらに，保育所の特性を生かして保育の専門性を有する保育士による支援を「保護者との相互理解」「地域に開かれた子育て支援」という二つの点から提供することを求めている。これら二つの点からの支援が提供できるためには，まず，保護者の多様な子育ての悩みを理解した上で，これらに対応できるスキルを身につけることが求められる。保護者のさまざまな悩みを的確に受け止め，保護者が自信を持って子育てができるようにアドバイスできることが必要である。そのためには，保護者からの相談に対して保育士一人で抱え込まずに園全体で対応する「チーム学校」ならぬ「チーム保育所」「チーム幼稚園」としての相談対応スキルが求められている。

1　虐待防止の連携

　保育所には，近年増えてきている児童虐待の発見や抑制への役割も期待されている。児童虐待は家庭における保護者のストレスの高い状況によって引き起こされることが多いといわれている。また，これらの虐待の中には子育てに関する知識と技術，豊富な経験をもつ保育者に子育てのことで気軽に相談できる環境が身近にあったなら，未然に防ぐことができたであろうケースが多く存在するともいわれている。保護者が地域とほとんど接触をもたない場合には，周囲からの支援を受けることができず，育児不安や育児能力の低さを一層深刻化しかねず，その結果，関係機関が問題を把握することも困難になってくる。こ

の意味においても，保育所と地域の児童相談所，病院，保健所，学校などとの子育て支援のための連携体制をいっそう充実させることが重要である。

　児童虐待への対応については，「児童虐待の防止等に関する法律」が2000年に施行されてから広く社会に知られるようになり，その後，虐待を受けた児童に対する市町村の体制強化が図られたり，地域のさまざまな関係機関が連携を図り，児童虐待への対応を担う「要保護児童対策地域協議会」が設けられたりするなどの策が講じられてきた。しかし，全国の児童相談所が扱った虐待件数は，2000年には17,725件だったものが，2015年には103,286件と激増している。

　このような状況の中で，地域に最も密接した児童福祉施設である保育所に虐待防止としての役割が強く求められているが，現実的には人材や場の確保の点で難しい課題が多くある。虐待へつながりかねないような，深刻な悩みを抱えた保護者が気楽に人の目を気にすることなく相談できる場を，保育所は確保しておくことが必要であるが，実際には相談室すらない保育所が多い。保育所に求められる社会的要請と現実とのギャップをどのように埋めていくかが大きな課題である。

2　障がい児の家庭との連携

　障がい児の家庭では，保護者は自分の子育ての仕方が悪かったためだと悩んだり，非常に難しい育児のために心身に余裕のない状態に陥っている場合があり，心理的なケアが必要となってくる。しかし，周囲の不理解，無理解によって，生得的な障がい以上に深刻な2次障がいが生起してしまうこともある。保護者だけでなく周囲の人々に，障がいについての正しい理解を促すよう保育者は努めなければならない。

　障がい児の行動・心理特性を的確に理解するためには，障がい児保育の研修を受けたり，専門家のアドバイスを受けたり，家庭と密接な連絡をとり合ったりすることが求められる。また，病院などの医療機関に相談したり，児童相談所の療育グループを参観したり参加したりするなどの連携が必要になってくる。

ある保育所では，発達障がいの専門家による保護者対象の研修会を定期的に実施し，障がいについての正しい知識をもつ手立てを講じている。このような取り組みを通して，保護者が日常的な相談を持ちかけたり，進学についての悩みや不安を気軽に打ちあけたりできる雰囲気づくりが大切である。保育所全体の取り組みとしては，園舎のバリアフリー化に努めるだけでなく，すべての保護者，地域の人々の心理的バリアフリー化にも努めることがのぞまれる。

4節　保幼小の連携

1　保育所と幼稚園の連携

　保幼小の連携とは，保育所と幼稚園の連携と，保育所・幼稚園と小学校の連携とを総称することばである。このうち，前者の保育所と幼稚園は近いようで遠い施設といわれる。保育所は，「保育を必要とする乳児・幼児を日々保護者の下から通わせて保育を行うことを目的とする」児童福祉施設であり，一方，幼稚園は学校教育体系における学校であるため，それぞれ管轄の違いから施設同士，保育者同士の交流もあまりないことが一因である。

　近年，就労する母親の増加に伴って，保育所への入所児童数は0歳児～2歳児を中心に確実に増加しているのに対して，幼稚園では園児数の減少傾向が顕著である。

　そのため，私立幼稚園では経営難のため廃園になったり，公立幼稚園では統廃合が進められている自治体も多い。このような親の幼稚園離れの状況を受けて，文部科学省は2001年に「幼児教育振興プログラム」を策定し，預かり保育の推進，満3歳児入園の導入を進めてきた。そして，2008年告示の幼稚園教育要領では，預かり保育を「教育活動」と位置づけた。幼稚園での通常の教育時間を超えての預かり保育は，急速に拡大してきた。2014年度幼児教育実態調査（文科省）によると私立幼稚園では95％の園で預かり保育を実施し，公立幼稚園でも61％の園で実施している。

表 10 − 1　幼稚園教員（園長・教頭・教諭）にかかる幼稚園教諭免許と
保育士資格の併用率
（文部科学省「平成 26 年度幼児教育実態調査」）

		公立		私立		計	
		平成 26 年	（平成 24 年）	平成 26 年	（平成 24 年）	平成 26 年	（平成 24 年）
園長	普通免許保持者（人）	2,829	2,889	3,834	3,788	6,663	6,677
	うち保育士資格保持者(人)	1,952	1,958	1,706	1,570	3,658	3,528
	併有率	69.0%	67.8%	44.5%	41.4%	54.9%	52.8%
教頭＋教諭	普通免許保持者（人）	20,365	20,338	79,938	78,454	100,303	98,792
	うち保育士資格保持者(人)	16,215	14,966	64,532	59,371	80,747	74,337
	併有率	79.6%	73.6%	80.7%	75.7%	80.5%	75.2%
園長＋教頭＋教諭	普通免許保持者（人）	23,194	23,227	83,772	82,242	100,966	105,469
	うち保育士資格保持者(人)	18,167	16,924	66,238	60,941	84,405	77,865
	併有率	78.3%	72.9%	79.1%	74.1%	78.9%	73.8%

　このように幼稚園は「保育所化」という手立てによって，保育所と生き残り
を競っていたが，保育所と幼稚園が子どもを奪い合うのではなく，同じ乳幼児
のための施設として連携できるところは連携し，共有できるところは共有して
いくことが求められた。そこで，厚生労働省と文部科学省は，保育所と幼稚園
の連携の推進という観点から，①施設の共用化，②教育内容・保育内容の整合
性の確保，③合同研修の実施，④子育て支援事業などの連携，⑤免許・資格の
併有の推進などを進めてきた。このうち，⑤免許・資格の併有の状況を表 10
− 1 に示す。この表からは，併有の推進によって若い世代の保育者ほど幼稚園
教諭免許と保育士資格の併有率が高くなっていることがわかる。そして，この
ような実態から，保幼連携の到達点といわれる認定こども園が生まれ，幼稚園
免許と保育士資格の統合である「保育教諭」が新設された。

2　小学校との連携

（1）小 1 プロブレム問題

　保幼と小学校との連携は，1990 年代後半から急に強調されるようになった。
その背景の一つが，小学校第 1 学年の児童が学校生活に適応できないために問

題行動を起こすようになったことであり，こうした不適応状態が継続し，クラス全体の授業が成立しない状況に陥るという実態があった。小学校に入学すると遊びから学習に生活の中心が変わり，幼児教育から小学校教育へ指導方針が一変し，「段差」を乗り越えられないために生じる問題とされた。精神的な幼さから小学校での集団行動がとれず，その混乱を解消できないまま，教師の話を聞かない，指示に従わない，一定時間を静かに過ごすことができない状態に陥り，授業中にもかかわらず勝手に教室内を歩き回る，教室から出て行ってしまうなどの行動がみられた。これが小1プロブレムである。

　2009年の東京都教育庁が発表した「公立小学校第1学年の児童の実態調査」によると，小学校4校に1校の割合で小1プロブレムが起きており，児童の不適応状況はその6割近くが4月に発生し，いったん発生するとその混乱状態が学年末まで継続するケースが5割を超えるという。児童が小学校に適応できない原因としては，児童にストレス耐性や基本的な生活習慣が身についていなかったことや家庭の教育力の低下，担任の指導が適切でなかったことなどがあげられた。

　折しも1989（平成元）年に幼稚園教育要領が26年ぶりに大幅に改訂され，1990（平成2）年には幼稚園教育要領改訂との整合性を踏まえ，保育所保育指針も25年ぶりの改訂となった。昭和の要領・指針から平成の要領・指針への大改訂であり，「環境を通して行う教育」という間接教育が実施されるようになった。そのため，小学校側からは「幼稚園と保育所が新しい要領・指針によって，なんでも子ども中心という名で自由に遊ばせるだけできちんと指導しないために，このような小1プロブレムということが起きるのだ」といった批判が飛び交い，新要領・指針が「犯人」とされた。

　しかし，現在では小1プロブレムという現象は，何か一つの原因だけで生じるような単純なものではなく，子どもを取り巻く社会環境と家庭環境の急激な変化などによるさまざまな要因が複雑に絡み合って生じた現象であると考えられている。そして，この現象によって保幼と小学校との関係があまりにも遠く，互いについて知らなかったり誤解したりしていたことを気づかせてくれる契機

となった。保幼から小学校への滑らかな接続は，保幼と小学校との「段差」を解消してしまうのではなく，子どもの成長にとって意味のある課題と捉え，保幼と小学校の双方が子ども自身の手で段差を乗り越えていくための支援を行うという協力性が求められている。

（2）保育所と小学校の違い

　保育所と小学校との間には，さまざまな違いがある。保育所では，一日の生活の「流れ」を重視し，主体的に展開される遊びを通して子どもは学ぶ。保育者は直接指導も行うが，それ以上に子ども一人一人に応じた学びをデザインし，適切な環境を整えることで子ども自身が自ら学ぶことのできるような援助を行う。一方，小学校では一日の「流れ」は重視されないため，45分によって区切られた時間割によって教科ごとに分かれた授業を受ける。また，子どもの扱われ方にも大きな違いがある。保育所では何でも自分でできる一番大きなお兄ちゃん，お姉ちゃんだった子どもが，小学校では最も幼い学年として扱われる。

　さらに，保育士と小学校教諭の間で教育・保育に関する考えの違いや，互いの教育・保育に対する理解不足や誤解も問題となっている。以下は，筆者が幼稚園教諭だった時の事例である。

　幼稚園に隣接する小学校の先生が朝から私の幼稚園に見学に来られていた日のことである。登園後の自由遊びの時間に，私は砂場で子どもたちと一緒に山やトンネル，水路づくりを楽しんでいた。天候のいい日だったので，子どもたちも私も裸足になって砂と水の感触を楽しんでいた。砂場の遊びを初めからずっと見学されていた小学校の先生が私の所にやってきて言われた。「先生，30分以上もずっと見学をしているのですが，一体いつになったら保育が始まるのですか？」と。私はしばらくの間，何を言われたのかわからなかった。

　この事例は，ちょうど保育者が小学校の算数の授業を参観していて，授業開始後30分が経過した頃に，授業者に「わたしは初めからずっと見学をしてい

るのですが，一体いつになったら授業が始まるのですか？」と言っているようなものである。

　小学校の先生からすれば，教育とは一斉指導とほとんど同義であるため，ある子どもは室内でままごとをして，別の子どもは砂場で遊び，また別の子どもは別の遊びを……という，一人ひとりが好きなことをしているという形態は，ただ子どもを遊ばせているだけで，当然，教育ではない。だから，いつになったら教育・保育が始まるのか，となったのだろう。同じ教育に携わっていても校種が異なれば，互いに無理解，誤解があることの証左である。

（3）保育所保育指針での小学校連携

　保育所保育指針では，小学校との連携は第2章「保育の内容」の中の4「保育の実施に関して留意すべき事項」の（2）「小学校との連携」で以下のように記されている。

（2）小学校との連携

　ア　保育所においては，保育所保育が，小学校以降の生活や学習の基盤の育成につながることに配慮し，幼児期にふさわしい生活を通じて，創造的な思考や主体的な生活態度などの基礎を培うようにすること。

　イ　保育所保育において育まれた資質・能力を踏まえ，小学校教育が円滑に行われるよう，小学校教師との意見交換や合同の研究の機会などを設け，第1章の4の（2）に示す「幼児期の終わりまでに育ってほしい姿」を共有するなど連携を図り，保育所保育と小学校教育との円滑な接続を図るよう努めること。

　ウ　子どもに関する情報共有に関して，保育所に入所している子どもの就学に際し，市町村の支援の下に，子どもの育ちを支えるための資料が保育所から小学校へ送付されるようにすること。

　この指針から保育所と小学校との接続のためのポイントとして保育所側に求められることは二つある。一つ目は，「資質・能力」を押さえながら「幼児期

の終わりまでに育ってほしい姿」（10の姿）をめざす方向で保育を行うことである。10の姿の内容を常に意識しながら，全体的な計画を編成したり，指導計画を作成したりすることが大切である。また，日々の実践においても10の姿を意識して子どもを見たり計画や評価をしたりすることが大切となってくる。また，保育者同士で子ども理解を深めるための保育カンファレンスでもこの10の姿を意識して行うと園全体での子ども理解の力が深まる。

　二つ目は，小学校へ子どもの育ちを伝える際に，10の姿の内容をもとに伝えることである。保育所での子どもの学びをこの10の姿で意味づけることで，小学校側により具体的に子どもの学びの姿を伝えることができる。

　このように10の姿がポイントとなって，この姿を意識することで小学校との接続がより滑らかになり，保育所保育によって育てられた学びが小学校教育の中で存分に発揮されることにつながる。

（4）スタートカリキュラムとアプローチカリキュラム

　平成29年告示の小学校学習指導要領では，幼児期と児童期の連続性・一貫性を強調して，幼児期の教育と小学校低学年での教育の目標を「学びの基礎力の育成」と位置づけ，そのため重視しているのが接続カリキュラムである。スタートカリキュラムとアプローチカリキュラムとは，遊びや体験活動が中心の幼児教育から，教科による授業が中心となる小学校へと滑らかに接続をするためのカリキュラムのことである。

　国立教育政策研究所は，2017年に「幼小接続期の育ち・学びと幼児教育の質に関する研究」という報告書をまとめた。この中で，接続カリキュラムのうち「幼児期の学びが小学校の生活や学習で生かされてつながるように工夫された5歳児のカリキュラム」をアプローチカリキュラム，「小学校入学後に実施される合科的・関連的カリキュラム」をスタートカリキュラムとしている。具体的には，保育所・幼稚園・小学校の3者が連携して，保育所・幼稚園の5歳児後半にアプローチカリキュラムを実施した上で，小学校では入学直後にスタートカリキュラムを実施することになる。

　図10-1は，長野県茅野市の保育所，幼稚園，小学校が実施している「幼

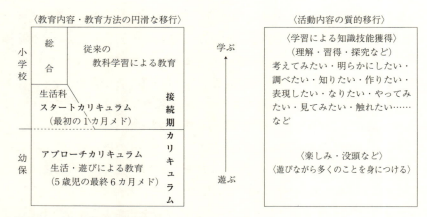

図10－1 幼保小接続期カリキュラム
(茅野市教育委員会編『実践 接続期カリキュラム』ぎょうせい，2016)

保小連携教育」実践の中核となる接続期カリキュラムを図式化したものである。
茅野市では，アプローチカリキュラムを幼児教育の本質に基づいて，小学校教
科指導の事前指導ではなく，「生活リズムの変化」を企画するものとし，幼保
小の滑らかな接続を阻むものとして次のような「段差」を挙げている。

　◇園での自分でしたい遊びを自分で達成する生活から，小学校での学習中心
　　の生活への移行（内なる課題から外からの課題）

　◇個を中心とした穏やかな集団生活から，学級としての密度の高い集団生活
　　への移行

　◇園の毎日の緩やかな時間での生活から，学校の時間割による日課への移行

　◇保護者の車での送迎による登降園から，自力歩行での登下校への移行

　これらの「段差」を，「異年齢交流による子ども同士の連携」「職員連携」
「保護者連携」の三つの連携によって滑らかにしようとしている。これらの接
続期を意識したアプローチカリキュラムの実践によって，子どもたちに自己肯
定感が芽生え小学校生活への自信につながり，保育者も日頃の保育活動におい
て遊びと学びのつながりを意識するため，これまで以上に長いスパンで子ども
の成長を捉えられるような成果が生まれているという。

3　保幼小連携の課題

　保幼小の連携には多くの課題が生じている。まず，現在の連携の多くが単発の打ち上げ花火的なイベントに終わる傾向にある点である。ある年，小学校 1 年生の学年主任が音楽科を専門とする教師の場合，その年の保幼小連携は小学校の音楽会に保育所・幼稚園の幼児を招待する形になり，翌年，学年主任が体育科を専門とする教師の場合は，その年の保幼小連携は運動会に幼児を招待する形をとる。このように，担当者が変わると連携の形も変わる，つまり，カリキュラムに位置づけられていないという問題である。そのため，人事異動で担当者が変わってもきちんと積み上げられてきた連携の形が実施されるようにカリキュラム上に位置づけられていることが必要である。また，同時に保幼の側にも小学校の側にも「連携担当」が園務分掌，校務分掌に明記されていなければならない。

　また，連携は幼児と児童の交流という形で実施されることが多いが，これを成功させるためには，保育者と学校教師の関係づくりが大前提となる。年に 1 回の保幼小連絡会の実施では，到底親密な関係づくりとはいえない。保幼小の保育者，学校教師が互いに固有名詞で呼び合えるような顔の見える関係性構築を実現していかなければならない。

参考文献

全国幼児教育研究会編　学びと発達の連続性　2006
チャード，S. 著　幼児教育と小学校教育の連携と接続　光生館　2006
木村吉彦監修　茅野市教育委員会編　実践 接続期カリキュラム──育ちと学びをつなぐ「幼保小連携教育」の挑戦　ぎょうせい　2016
国立教育政策研究所　幼小接続期の育ち・学びと幼児教育の質に関する研究　2017

11^章　倫理観に裏づけられた保育者の専門性

1節　保育者とは誰のことか？

1　保育者の制度的位置づけ

　私たちは，幼稚園や保育所で働いている人のことを保育者と呼んでいる。一般的には，保育者とは，幼稚園教諭免許を持ち幼稚園で働いている人，あるいは保育士資格を持ち，保育所で働いている人のことを指している。本章でも，保育者という用語を用いる場合は，基本的には幼稚園あるいは保育所で働いている人のことを示し，それぞれ単独の場合は，幼稚園教諭，保育士という用語を用いる。

　さて，このような保育者とは制度的にはどのように位置づけられているのか。まず，幼稚園教諭について見ていこう。

※写真と本文の内容は直接的には関係ありません。

　幼稚園を含む文部科学省の管轄する学校は，学校教育法にその目的や目標等が記されている。学校教育法において幼稚園教諭は次のように定められている。

学校教育法第27条
　幼稚園には，園長，教頭及び教諭を置かなければならない。(略)
　⑨　教諭は，幼児の保育をつかさどる。

　同様の文言は，幼稚園設置基準にも認められている。この幼稚園における教職員になるためには，教育職員免許法に記されている幼稚園教諭免許状（専修，一種，二種）を持つことが求められる。この幼稚園教諭免許状は，大学や短期大学で所定の単位を修得することで授与される。なお，免許状のうち，専修とは大学院修士課程を，一種は四年制大学を，二種は短期大学を卒業したものに授与されるものである。
　続いて，保育士資格についても見ていこう。
　厚生労働省で管轄される保育所で働いている保育士には，保育士資格が求められる。保育士とは，児童福祉法において次のように定められている。

児童福祉法第18条の4（保育士の定義）
　保育士とは，第十八条の十八第一項の登録を受け，保育士の名称を用いて，専門的知識及び技術をもって，児童の保育及び保護者に対する保育に関する指導を行うことを業とするもの

　また，同法には保育士の資格として次のように記されている。

第十八条の六（保育士の資格）
　次の各号のいずれかに該当するものは，保育士となる資格を有する。
　一　都道府県知事の指定する保育士を養成する学校その他の施設を卒業
　　　したもの

> 二　保育士試験に合格したもの

　幼稚園教諭が，原則，大学や短期大学の卒業でしか認められないのに対して，保育士資格は，現在，年に2回行われている保育士試験に合格したものにも資格が与えられるところに違いがある。

　このように幼稚園教諭および保育士資格の法的根拠は異なっているが，近年，保育への多様なニーズの広がりやその質に対する関心の高まりを受けて，これらの免許・資格を持って就労できる職場が広がってきている。次項では，免許・資格を活かせる職場にどのようなものがあるのかを見ていく。

2　保育者の就労場所

　保育者が就労する場所としては，幼稚園や保育所が中心的であった。保育所は，児童福祉法に定められている児童福祉施設の一つであるため，保育士資格所持者は，児童福祉施設で勤務することができていた。つまり，幼稚園は満3歳児以上の幼児教育を行う教育機関として，また，保育所は保育を必要とする乳児または幼児を保育する児童福祉施設であり，幼稚園教諭免許，保育士資格はそれぞれの施設に対応したものであった。

　だが，2012年にいわゆる「子ども・子育て関連三法」が公布され，これまでの認定こども園は，幼保連携型認定こども園として，その在り方が大幅に見直されることとなった。その結果，幼保連携型認定こども園で就労する保育者は，「保育教諭」という名称となった。この保育教諭は，それに対応する免許や資格があるわけではなく，あくまで幼保連携型認定こども園で働いている職名であり，免許・資格の規定としては，幼稚園教諭免許状と保育士資格の両方を所持していることである。

　その意味において，認定こども園で勤務する保育教諭は，その職務内容としても，また，免許・資格においても両方を兼ね備えた新しい在り方と言えよう。

　また，近年，女性の就労率の高まりや，保護者の保育に対する多様なニーズのありようを受けて，幼稚園や保育所以外でも，さまざまな場所で，保育士資

格や幼稚園教諭免許のニーズが高まってきている。例えば，病院内で病児や病後児の乳幼児をケアする病児・病後児保育や，小学校低学年の放課後をケアする学童保育，また，地域で子育てを支援する子育て支援センターなどがあげられよう（詳細は2章を参照）。

　このように，近年，幼児期の教育に対する世界的な関心の高まりとともに，幼稚園教諭，保育士資格所持者の活躍の場は増えている。しかし，このことは，同時に専門家として，専門性のありよう，質の高さもまた同時に要求されてきている。そこで，次に保育者はどのような職務を持ち，どのような専門性を持っているのかを見ていこう。

3　職務

　保育者がどのような職務を持っているのかは，前述した児童福祉法第18条にある。保育者は「専門的知識及び技術をもって，児童の保育及び保護者に対する保育に関する指導を行うこと」が職務である。これは保育士資格ではあるが，幼稚園教諭においてもほぼ同様と考えてよい。

　この定義には，いくつかのポイントがある。保育者にとって必要な「専門的知識及び技術」とは何か，「児童の保育」とは具体的にどのように行うのか，「保護者に対する保育に関する指導」とは何か。これらについては，2節で詳細に見ていくこととするが，これらのことを行うために，その根底にある倫理観について次項で述べる。

4　保育者としての倫理

　「倫理」という用語について聞いたことはあるだろうが，漠然とした理解にとどまり，どういうものであるかはわかりにくいかもしれない。国語辞典では，倫理とは「人として踏み行うべき道」（明鏡国語辞典）とある。社会で生きていくうえで「こうすべきこと」という道徳観，モラルである。

　これは一般的な社会人としての倫理であるが，専門職では，それぞれの専門職であることにふさわしい倫理観が要求される。例えば，保育所保育指針では

すべての子どもは，豊かな愛情のなかで心身ともに健やかに育てられ，自ら伸びていく無限の可能性を持っています。

私たちは，子どもが現在（いま）を幸せに生活し，未来（あす）を生きる力を育てる保育の仕事に誇りと責任をもって，自らの人間性と専門性の向上に努め，一人ひとりの子どもを心から尊重し，次のことを行います。

私たちは，子どもの育ちを支えます。

私たちは，保護者の子育てを支えます。

私たちは，子どもと子育てにやさしい社会をつくります。

（子どもの最善の利益の尊重）

1. 私たちは，一人ひとりの子どもの最善の利益を第一に考え，保育を通してその福祉を積極的に増進するよう努めます。

（子どもの発達保障）

2. 私たちは，養護と教育が一体となった保育を通して，一人ひとりの子どもが心身ともに健康，安全で情緒の安定した生活ができる環境を用意し，生きる喜びと力を育むことを基本として，その健やかな育ちを支えます。

（保護者との協力）

3. 私たちは，子どもと保護者のおかれた状況や意向を受けとめ，保護者とより良い協力関係を築きながら，子どもの育ちや子育てを支えます。

（プライバシーの保護）

4. 私たちは，一人ひとりのプライバシーを保護するため，保育を通して知り得た個人の情報や秘密を守ります。

（チームワークと自己評価）

5. 私たちは，職場におけるチームワークや，関係する他の専門機関との連携を大切にします。

また，自らの行う保育について，常に子どもの視点に立って自己評価を行い，保育の質の向上を図ります。

（利用者の代弁）

6. 私たちは，日々の保育や子育て支援の活動を通して子どものニーズを受けとめ，子どもの立場に立ってそれを代弁します。

また，子育てをしているすべての保護者のニーズを受けとめ，それを代弁していくことも重要な役割と考え，行動します。

（地域の子育て支援）

7. 私たちは，地域の人々や関係機関とともに子育てを支援し，そのネットワークにより，地域で子どもを育てる環境づくりに努めます。

（専門職としての責務）

8. 私たちは，研修や自己研鑽を通して，常に自らの人間性と専門性の向上に努め，専門職としての責務を果たします。

図 11 － 1　全国保育士会倫理綱領
（全国保育士会ホームページ）

第１章「総則」１（1）「保育所の役割」に「……保育士は，（略）倫理観に裏付けられた専門的知識，技術及び判断をもって，子どもを保育する……」とある。

また，全国保育士会では，保育士としての倫理綱領（保育士として守るべき倫理観について定められた文章）をまとめている（図11－1）。

　保育士は，児童福祉法第18条にあるように，保育士資格を有する者が保育士という名称を用いることができるという名称独占資格である。保育士資格を所持している人は，保育士という名称を名乗る権利を得る代わりに，保育士として守らなければならない義務が三つある。

　その一つは，保育士の信用を傷つけるような行為をしてはならない「信用失墜行為の禁止」（児童福祉法第18条の21）である。二つめは，正当な理由なく業務で知り得た秘密を漏らしてはいけないという「秘密保持の義務」（児童福祉法第18条の22）である。三つめは，必要な知識及び技術の習得，維持向上に努めなければならないという「自己研鑽の努力義務」（児童福祉法第48条の4の②）である。

　ここでは保育士に定められた倫理観，倫理綱領を見てきた。幼稚園教諭については，現在，倫理綱領は存在しないが，少なくとも同じ幼児を保育する専門職として，これらの倫理綱領は守られなければならないものである。

2節　保育者とは何をする人か？――乳幼児と関わる保育者の役割

1　保育者に求められる専門的知識及び技術

　保育者に求められる専門的知識及び技術は幅広い。本書を手に取っている保育者養成施設で学ぶ学生の読者にとっては，自身の施設での保育・教育課程がそれに相当すると考えてもらってよい。保育士と幼稚園教諭とでは異なるが，例えば保育士では，「保育の本質・目的に関する科目」（保育原理等），「保育の対象の理解に関する科目」（保育の心理学等），「保育の内容・方法に関する科目」（保育課程論等）等があり，それに保育実習等を行うことになる。これらは，いわば保育者になるための最低限の知識・技術である。だが，例えば，ピアノが上手に弾けることは保育者として求められる技術ではあるが，それだけでは十分ではない。あるいは，上手に絵を描けることは求められる技術ではあるかもしれないが，それだけでは十分ではない。

保育者にとって求められることは，ピアニストのように音楽演奏をできる技術ではなく，保育者が今，目の前にいる幼児に対して，なぜこの音楽を用いるのか，その音楽を用いることでどのような育ちにつながると考えるのかを把握することである。したがって，単に一つひとつの技術を修得するのに終始するのではなく，それらの専門的知識および技術を，乳幼児のために活用する思考の在り方こそが重要なのである。専門的知識および技術は，常に進歩し，新しいものが増えていく。それらを押さえておくことも重要であるが，同時に，それらを眼前の乳幼児のために，どのように活用し，それがどのように乳幼児の育ちにつながるのかを考えていくことが求められる。

2　幼児理解から始まる保育者の専門性

保育者に求められる専門性とは，専門的知識・技術を，眼前の乳幼児の姿に合わせて，そのときどきに応じた関わりを行うことである。小・中学校の教師では，時間割や教えるべき事柄が決まっているため，そのねらいに向かって，どのように児童・生徒を教え，ねらいをどのように児童・生徒が達成できるのかに力が注がれる。その意味において，小・中学校の教師は，教えるべき時間や内容が決まっているため，授業計画から始まり，それが達成できたかどうかが課題となっていた。

一方，保育者の場合，日々の幼児の活動は，幼児にとってふさわしい生活であり，幼稚園教育要領に記されているねらいは，総合的に達成されるものである。保育者にとっては，今日，この時間において，達成されなければならないねらいがあるのではなく，その日の幼児の姿を土台として，ねらいに向かって幼児に援助していく必要がある。したがって，保育者は，まず幼児がどのような状況であるのか，どのようなことに関心をもち，何をしたいと考えているのかを捉え，その幼児の姿から，適当な環境構成を行うことが求められる（図11 - 2）。

近年，教育の中にも PDCA サイクル（Plan-Do-Check-Action，9 章を参照）が求められているが，保育は，計画から始まるのではなく，幼児理解から

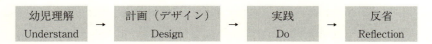

図 11 - 2　保育の UDDR 構造
（中坪他，2011)

始まるのが特徴である。しかしながら，そのときどきの乳幼児の姿をどのように捉えるかは，必ずしも簡単なことではない。（6 章を参照）

3　幼児理解の多様性

　幼児理解の第一歩は，その子やその子たちをしっかりと「観る（観察する）」ことから始まる。この「観る（観察する）」ことは，ただ漠然と観ていくことではない。幼児の些細な動作や表情をしっかりと捉えて気づくことが大事になる。これを「外面的幼児理解」とする。

　次に，気付いた幼児の動作や表情から，幼児の感情や思考を「考える（推測する）」ことが必要になる。これが「内面的幼児理解」である。

　むろん，保育者はその幼児と関わり，ときには他の幼児とも関わりながら，この幼児理解を行っていくが，それは 1 回で終わるものではない。例えば，その日の A ちゃんに対する理解が，次の日も同じように続いていくわけではないからである。幼児に対する理解は，日々，書き換え，書き加え，付け足されていくものなのである。

　このように，日々，幼児の行為や表情を注視しながら，その子を理解しようとすることが必要であるが，それは必ずしも簡単なことではない。そこには，次の三つの難しさがある。

　一つめは推測することの難しさである。友達からイヤなことをされた A ちゃんが笑っている場面を考えてみると，表情では笑っているかもしれないが，その気持ちは違っているだろう。しかし，なぜ笑っているのかは推測することが難しいだろう。二つめは，このような幼児の気持ちは本人自身が気づいていないこともあり，確認することの難しさも抱えている。三つめは，幼児の行為

に対して，保育者が共感することができないこともある，という難しさである。

このように，幼児理解は保育者にとって不断のものであるにもかかわらず，自身の幼児理解が正しいのかどうかの確認が困難なものでもある。そこで，その幼児理解を深め，保障し，確認することのできる方法として「対話的幼児理解」を行う必要がある。

対話的幼児理解とは，特に難しいことではない。一つのエピソードや場面におけるその幼児の思いを，その他の保育者と話し合うことで，自身の推測の正しさを確認できたり，それ以外の推測の可能性を知ったりすることである。

したがって，保育者は専門家の集団として，それぞれの幼児理解を深めていくために話し合える関係性が必要であり，それが保育の質を高め，保育者の成長の契機となるものである。

4　関わりの展開可能性

前項で述べた幼児理解を踏まえたうえで，保育者は環境構成や計画（デザイン）を行う必要がある。なお，ここで「計画（デザイン）」としているのは，保育は保育者があらかじめ決めた内容をその通りに行うことではなく，幼児の主体的な活動を誘導していくためのものである。その意味で，単に「計画」とするのではなく，「計画（デザイン）」としている。

また，環境構成だけではなく，実際に幼児に関わっていくことを保育援助と呼ぶ。援助とは，「幼児が環境に関わって興味や関心をもちながら生み出していく活動を豊かにしていく支えや，その中で一人ひとりの体験が幼児の成長・発達を促すようにする保育者の保育活動の総称」のことである（森上・柏女，2011）。

この援助には，さまざまなものがある。例えば，小川（2000）では，保育者と幼児との関係性から，保育者が幼児に「見られる（モデルになる）」，幼児と場を共有し同じように活動する「並ぶ」，幼児と対話しわかり合おうとする「向き合う」，幼児の後ろに立ち，幼児理解を行う「見る」という4つの役割を提示している。これはあくまで関係性としてのモデルであり，実際にはさらに

図 11 − 3　幼児理解の多様性と保育援助の展開可能性
（筆者作成）

さまざまな関わりや声かけがある。

　先に述べたように，目の前の子に対して，どのような関わりを行うべきかは，それまでの幼児理解に基づかなければならない。したがって，保育者は，どのような場面で，どのような行為がありうるのかという保育援助の展開可能性の広がりを持つと同時に，その展開可能性から，どの関わりを行うのかの根拠となる幼児理解を持たなければならない（図 11 − 3）。

　この幼児理解の多様性と保育援助の展開可能性を捉えることが，保育者の専門性として最も重要なものである。

5　振り返ること

　保育における自身の行為，あるいは他の人の実践を，一人で，あるいは他者とともに話し合い，可能性を探ることを「反省（振り返り）」（Reflection）と呼ぶ。そして，このような反省を行うことで，保育者としての専門性を高めていく専門家のことを「反省的実践家」（ショーン，2001）と呼んでいる。

　反省的実践家とは，医師やエンジニアのように，高度な技術を研鑽していく専門家とは異なり，その場その場での専門家としての行為を常に振り返り，妥当性や是非を検討していくことで，専門家的力量を高めていくような実践家のあり方である。この反省的実践家は，対人援助職の専門家のモデルとして考えられている。なぜなら，医療やエンジニアでは，一つひとつの技術を高めていくことがその成果（病気の治療，よりよい機械の作成）につながっていくこと

に対して，保育や教育の場では，あるときの保育者の関わりが，その後の育ちにつながっているかどうかがきわめて不明瞭だからである。

　したがって，保育者や教師は，常にそのときどきの自身の保育のあり方を振り返り，検討していくことで，力量を高め，さまざまな場面に対応でき，よりよい関わりを行うことができるようにならなければいけない。

6　保護者に対する保育に関する指導

　本節の最後では，保育者が幼児に対して行う保育だけではなく，保護者に対する保育に関する指導も入っていることに触れておこう。

　すでに述べた児童福祉法第18条の4では，保育士の職務として，「児童の保育及び保護者に対する保育に関する指導を行うことを業とする」とある。つまり，保育士の職務としては，単に乳幼児への保育を行うだけではなく，それを家庭と一緒になって行うことが求められる。

　特に乳幼児期の育ちは，家庭と園とが不可分である。そのために，保育者は幼稚園や保育所で起こったことや，園での関わり方の背景にある教育観，また，個別の保育者に対して相談を行うことが求められる。

　幼稚園や保育所から，保護者に対しては，さまざまな形で情報提供がなされる。例えば，登園・降園時の口頭連絡であったり，個別の保護者との連絡帳のやりとりであったり，園やクラス便り，掲示物など，多種多様にある。保育者は，それらの媒介物の特徴を捉えて，一人ひとりの幼児の育ちを保護者に伝えていくことが求められる。

3節　保育者はどう育つか？

1　保育者としての成長

　前述したように，保育士は「自己研鑽の義務」が課せられている（児童福祉法第48条の3の②）。同じように，幼稚園教員に対しても，「その職責を遂行

表 11 - 1　保育者の専門性発達の段階
(Vander Ven, 1988 より作成)

段階	特徴
①新任者（1 年め）	専門性は低く，アシスタント・補助的な役割
②初任者（2 ～ 5 年め）	スキルは実践に適応できている。専門家のような段階
③洗練された段階 （6 ～ 10 年め）	専門家として意識しはじめ，同僚との人間関係も構築できるようになる。実践レベルの中心的な役割を担う。
④複雑な問題に対処できる （10 年め以上）	園の経営や運営にも着手し，主任，副園長なども担う。また，若手への指導や助言を行う
⑤影響力のある段階	園だけではなく，地域や社会全体のことも含めて考え，発言するようになる

するために，絶えず研究と修養に努めなければならない」（教育公務員特例法第 21 条）が定められている。本法は教育公務員を対象としたものではあるが，そもそも教育基本法第 9 条に「学校の教員は，自己の崇高な使命を深く自覚し，絶えず研究と修養に励み，その職責の遂行に努めなければならない」とあるように，保育者にとっては，働き始めてからも，常に研究と修養を行うことで，専門家としての自己研鑽が求められている。

　では，専門家としての保育者はどのように成長するのだろうか。保育者の専門性発達として 5 つの段階があると考えられている（表 11 - 1）。

　表 11 - 1 は，保育者が専門家としてどのように発達していくかのモデルである。この表を見ていくと，新人である 1 年めから徐々に保育ができるようになり，主任，園長へとなっていくプロセスが見えてくる。だが，これらは単に年数を経れば，段階が上がるというものではない。日々，保育を振り返り，保育者としての専門的力量を高めていく者だけが，徐々に成長していくことを忘れてはいけない。

2　保育者のやりがいとライフヒストリー

　最後に，定年したある 2 人の幼稚園・保育園園長が自身の保育者としての人生を振り返った言葉で本章を終わりにしよう。

> A先生：私は人の役に立つ仕事をやりたいと思ってずっとやってきた。
> 大変だったけれど，イヤなことはなかった。……それも家族の支えが
> あったからです。自分は子どもたちをしっかりとみれば，我が子は誰か
> が一生懸命育ててくれる，と教えてもらった。
>
> B先生：あまりやりたいと思ってなったわけではなかった。……ただ子ど
> もたちと生活することとは，どんなことだろうと思って，もう1年，も
> う1年と思って……。自分の母親がせっかくだからやりなさい，という
> こともあって続けてこられた。

　2人の先生は，動機にこそ違いはあれ，目の前の子どもたちへの保育をどう
行うのかに，それぞれ腐心しながら，やり続けてきていた。保育者は「なる」
ことが重要なのではなく，保育者をどう「続けていくのか」というそのキャリ
アを通して，自分の保育者像を問い続けることが重要である。

参考文献

ショーン，D. 著　佐藤学・秋田喜代美訳　専門家の知恵──反省的実践家は行為し
　　ながら考える　ゆみる出版　2001
中坪史典・後藤範子・香曽我部琢・上田敏丈　「幼児理解から出発する保育実践の意
　　義と課題──幼児理解・保育計画（デザイン）・実践・省察の循環モデルの提案」
　　子ども社会研究　17　2011
Vander Ven, K. "Pathways to professional effectiveness for early childhood
　　educators", In Spodek, B. et. al., Eds. *Professionalism and the early childhood
　　practitioner*. Teachers college press, 1988

12章　保育思潮の変遷と子ども観（近代以降）

　1987年に全米乳幼児教育協会（National Association for the Education of Young Children：NAEYC）は，『発達段階に即した実践』（Developmentally Appropriate Practice）というタイトルの書物を刊行した。このタイトルに掲げられている概念は，乳幼児教育に貢献した多くの思想家に共通する基本的原理でもあった。全米乳幼児教育協会の会長職に就いたこともあるデイビッド・エルカインドは，近著『保育学をめぐる巨匠たち』のなかで，発達段階に即した実践に貢献した11人の巨匠を取り上げている。

　そのなかからコメニウス，ルソー，ペスタロッチ，フレーベル，モンテッソーリ，ピアジェ，エリクソンと，日本の保育界で著名なロバート・オウエンを加えて8人の巨匠の保育思想と子ども観を本章と次章で概観してみたいと思う。これらの思想家がもっていた子ども観は，NAEYCの基本原理となってい

※写真と本文の内容は直接的には関係ありません。

るだけでなく，日本においても忘れてはならないとされる基本原則である。

1節　ヨハン・アモス・コメニウス

1　生涯

　「近代教育の父」と呼ばれるコメニウス（Comenius, J. A., 1592 ～ 1670）は，1592 年に現在のチェコの一地方であるモラヴィアで生まれた。幼いときに両親を失ったために孤児となり，親族やボヘミヤ同朋教団の手で育てられ聖職者を目指した。この教団はマルチン・ルターよりも 100 年も前に，教会による贖宥状の販売を非難して火あぶりになったヤン・フス（1371 ～ 1415）に起源を持つ歴史ある教団である。プロテスタントとカトリックの戦いであると言われる「30 年戦争」に，20 歳代のときに巻き込まれ，以後 1670 年にオランダで 78 歳の生涯を閉じるまで放浪流転の亡命生活を送った。しかしこの亡命生活が，彼の後の思想，つまり国境や民族の利害を超えた平和教育思想や男性女性に関係なく等しく教育を与えるべきだとする思想を形作ったのだと思われる。

2　著作と思想

　コメニウスは多くの著作と論文を書いたが，戦禍でそれらの多くを失った。彼は非常に落胆したが，再び著作を書き続けた。彼が 60 歳代半ばの 1657 年に，1000 ページからなる『教育学著作全集』が刊行された。コメニウスの最も包括的な著作は，『全集』の第 1 部に収められた『大教授学』である。正式には「あらゆる人に，あらゆる事柄を教授する，普遍的な技法を提示する大教授学」であり，長い副題がついているがその一部には，「わずかな労力で，愉快に，着実に教わることのできる学校を創設する，的確な，熟考された方法」とある。

　この書の 17 章には，以下の教育指針が書かれている。

　（1）生徒の精神が腐敗する前に教育を始めること。

(2) 精神が教育を受け入れやすくするために，準備がなされるべきこと。

(3) 一般的なものから特殊なものへ，簡単なものから複雑なものへ進むこと。

(4) 学ぶべき多くの教材で，生徒に負担を与えすぎてはいけない。

(5) 教育は生徒の知的発達段階に応じて等級づけされていること。

(6) 生徒の興味関心に配慮がなされ，知性が自ら求めて行くもの以外は，何一つ強制的に押しつけてはいけない。

(7) すべては生徒の感覚を媒介として教授すること。

(8) 自分自身で応用できるように教育すること。

(9) 教育内容すべてが，同一の教授方法で教えられること。

また，彼は発達段階に応じた何種類かのラテン語の教科書を書いたが，そのなかで最も有名なものが，世界最初の絵入り教科書として知られる『世界図絵』である。これは初級ラテン語教科書であるが，3つの目標を達成することを目指していた。第一に，魅力的で興味深い絵を使用することにより，子どもに学習する動機づけを与えたこと。第二に，子どもの注意を言語と事物とに向けること。最後に，関心・意欲と注意が学習の前提条件であるということである。『世界図絵』は絶大な人気を博し，17 〜 18 世紀に多くの言語に翻訳された。

3　子ども観

コメニウスは，すべての子どもは学習のための素因を持っているが，それらの諸特性がどのように実現されるかは教育次第であると考えた。それゆえ，与えられる教育は偽りではなく，真実のものでなければならない。また，合理的な生き物である人間は，他の人の知性によってではなく，自分自身の知性によって導かれなければならないと考えた。つまり，他人の意見を読んだり記憶復唱したりするだけでなく，自ら物事の核心にまで深く入り，学んだ事柄を真に理解し活用する習慣を培うべきであるという。（『大教授学』16 〜 18 章）

また『パンパイデイア（汎教育)』では，先取りするのではなく，若者を形

成する好機に留意すること，時期を早めて自然に手を加えるのは役には立たず，かえって腐敗させるだけである，と述べている。(第7章29)

　子どもは一人ひとり発達と学習の進み具合が異なっているので，発達段階に即した教育実践が求められると彼は考えていた。約400年前のコメニウスの著作には，彼の先見の明を示すものが多く含まれている。

2節　ジャン・ジャック・ルソー

1　生涯

　ルソー（Rousseau, J. J., 1712～1778）は自らの著書『告白』で，かつて誰も行ったことがない方法で自分自身を明らかにした。この書で彼は，自らの情熱，希望，恐れ，性的悪行について書き，最も賞賛に値する行為とともに最も厭わしい行為についても告白した。この書は，世界で最初の自伝小説の一つと見なされている。

　母親はルソーが生まれてすぐに亡くなり，10歳のときに父親が起こした軍人とのいさかいのために一家は離散してしまった。そのため，正式な学校教育はほとんどまともに受けなかったが，文学や政治，歴史だけでなく，音楽や劇についても独力で学んだ。彼は当時大喝采を博したオペラ『村の占い師』を書き，ベストセラー小説『ジュリー，または新エロイーズ』や非常に影響力のある政治論文『社会契約論』，そして教育論『エミール』を書いた。ルソーは『エミール』で，子どもを「自己という現実の建設者」と紹介している。

　彼はまた，文学と芸術におけるロマン主義運動にも貢献した。彼の著書『孤独な散歩者の夢想』や『告白』では，日没の美しさや牧歌的な田園生活の美しさに畏敬の念を表明し，農村社会の生活の徳や価値を賛美した。そのことに多くの人は感動し，興奮した。

　ルソーはフランス革命（バスティーユ襲撃）の1年前，1778年7月に死去した。フランス革命は，ルソーの理想的な共和国の価値観「自由・平等・博

愛」というモットーをスローガンに掲げた。

2　著作と思想

　ルソーはオペラや小説，『社会契約論』や『エミール』などの論文を数多く
書いたが，基本的なメッセージは一つである。つまり，個人がその下で生きて
いる政治形態が，人間のあらゆる面を決定する。そして当時のほとんどの政治
形態は，人間から自由を奪い取っている，というメッセージである。ここでは
『エミール』に焦点を当てる。

　『エミール』は教育批判であるとともに，社会批判でもある。この書では，
エミールという架空の少年の幼少年期と青年期が詳述されている。ルソーは開
巻劈頭でこう書いている。「万物をつくる者の手を離れるときは，すべては良
いものであるが，人間の手にうつるとすべてが悪くなる」と。ルソーは続けて，
教育には3種類あるという。能力の「自然（発達）による教育」と「事物によ
る教育」，そして「人（社会）による教育」である。社会による教育は不道徳
と自我の欠如につながるが，事物の教育は個性と本物の人間を作ると彼は考え
た。

　ルソーは『エミール』で，社会に順応する成員になる教育と個性と自由のた
めの教育とを対立させる。現代ではパウロ・フレイレが『被抑圧者の教育学』
のなかで，「家畜化のための教育」（教化）と「解放のための教育」（問題解決
学習）と呼んだものと同じ構図である。『エミール』のなかでルソーは，社会
に飼い慣らされる前に事物の教育のみで育てられたなら人はどうなるかを例証
した。もちろんルソーは，そのような教育が現実には不可能であることは認識
していたが，エミールという純真な子どもに社会が何をしているのかを明らか
にした。

　『エミール』は5巻からなり，幼年期，少年期，青年前期，青年後期，そし
て成人期と結婚という発達段階ごとにエミールの人生を詳述している。

　・幼年期（2歳頃まで）：母親と父親による子育て。空気のよい自然環境，
　　のびのびと手足を動かせるようにする。

- 少年期（12歳頃まで）：最初の教育は，まったく消極的でなければならない。子ども期には子ども期特有のものの見方，考え方，感じ方があるので，道徳や真理の原理を教えるのではなく，心情が悪徳に，精神が過誤に陥らないように保護することが大切。「感覚」という知識の素材だけを与える時期。
- 青年前期（15歳頃まで）：好奇心をもって新しい対象に取り組み，時間をかけて自らの問題を解決すること。学問を覚えるのではなく，発明すること。
- 青年後期（20歳まで）：「情念」が形成されるべき時期。ルソーはこの時期を「第2の誕生」として重視する。最終的には理性的判断で行動することを目指すが，その前に情念に秩序と規則を与えることが大切。恋愛より先に友情を，性的愛情よりも前に人間的愛情を与えて情念を秩序づける必要がある。

3 子ども観

　現代的観点から見れば，ルソーは子どもを，感覚によって経験された世界を単に反映するものではなく，自らの思考方法に合わせて再構成する「構成主義者」だと考えた。ルソーは子どもの社会化は必要だとは認めていたが，個性化を促進する幼児期の自然教育が，社会の堕落した影響力に対する最大の防御であると信じた。それゆえに，社会化は必要だが，個性化が先だと主張した。

　20世紀初頭にマーガレット・ミードらの文化人類学者は，文化が子育てと発達に果たす重要な役割について論じた。それ以後もエリクソンのライフサイクルの社会心理的諸段階やボウルビィの生物心理学概念，ヴィゴツキーの社会文化決定論など，社会と文化が果たす重要性が指摘された。そのこと自体は，発達における社会と文化の重要な役割を評価したルソーの先見性を証明している。しかし，社会性だけを過度に強調する一部の人々とは異なり，ルソーは生物学的発達の重要性を軽視することはなかった。社会に関して学ぶ前に自然界について，子ども自身の経験を通して学ぶことの重要性を強調したルソーの

主張は，子どもにとって問題になるのは「ADHD（注意欠陥障害）」ではなく，「自然欠陥障害」だと主張する現代のルーブ・リチャード（Louv Richard）と共通する。

3節　ヨハン・ハインリッヒ・ペスタロッチ

1　生涯

　ペスタロッチ（Pestalozzi, J. H., 1746 ～ 1827）は，1746 年 1 月 12 日にスイスのチューリッヒで生まれた。父ヨハン・バプティストは視覚障害専門の外科医だったが，5 歳のときに死別し，母スザンナと家政婦のバーベリとによって，兄と妹とともに育てられた。18 世紀半ばのチューリッヒにおける学校教育体系は，小学校，文法学校，大学だった。彼は 15 歳で文法学校を卒業した後，コレギウム・フマニタティス（人文学），その後コレギウム・カロリヌム（神学）に進んだ。神学の道に進んだのは，牧師である祖父のアンドレアスが，教区内の貧しい人々の救済に尽力しているのを見て，深く心を動かされたためである。

　文法学校までは学業面では優れなかったが，彼は大学で花開いた。研究に深く没頭し，友人たちと政治問題に関わるようにもなった。自らを「愛国者」と唱える仲間たちと「ヘルヴェチア協会」を結成し，社会の不正を暴露した。このころのペスタロッチは，社会の不正を暴けば社会が変化すると単純に信じていた。ペスタロッチの最も親しい仲間は，穢れのない廉直な人間ブルンチュリーだった。この友は夭逝してしまうが，ブルンチュリーの友人で高邁な精神の持ち主アンナ・シュルテスと知り合うことができ，奇縁にも 8 歳年上のこの女性と結婚した。

　結婚後彼らは農場（ノイホーフ）を立ち上げたが失敗が続き，ペスタロッチは労働と教育を結合する学校を，農民の子どものために開校するならうまくいくのではないかと考えた。しかしこれも財政的に失敗したが，このときペスタ

ロッチは教育者としてのアイデンティティに目覚めた。

学校と農場を閉じて，ペスタロッチは著作活動に専念した。1781 年に完成したのが教育小説『リーンハルトとゲルトルート』であり，これは大好評だった。その後，『リーンハルトとゲルトルート』を解説するための教訓的な書物『クリストフとエルゼ』（1782）を書いたが，教訓などはほとんど無視された。1797 年には哲学者フィヒテの励ましもあって，自らの教育理論を著書『人類の発達における自然の歩みについての我が探求』を通して表明しようとした。後にまとめられた『寓話集』（1803）には，彼の人生観を述べた 279 の寓話が収められている。

転機となったのは，フランス軍との戦いの後に誕生したヘルヴェチア政府の下で，1798 年に多くの戦争孤児のための孤児院兼学校をシュタンス（当時シュタンツとも呼ばれていた）に開いたことである。ここでペスタロッチは子どもたちと昼夜を問わず一緒に生活し，教えた。しかし，この学校は戦争のために長続きせず，彼は 1799 年にシュタンスを去ったが，自らが示した教育愛と彼が開発した教育方法とを『シュタンツ便り』のなかに書いた。

1799 年ヘルヴェチア政府は，ブルクドルフにある少年学校を経営するようにペスタロッチを任命した。ここでペスタロッチは初等教育の方法論を確立し，『ゲルトルート児童教育法』（1801）のなかに詳述した。

しかし政治的情勢のために，1804 年に彼はミュンヘンブーフゼー城の施設に移り，その後フランス語圏の町イヴェルドンに再び移って多くの生徒を教えた。このイヴェルドンの学校は教育の中心地とさえ言われ，フレーベルやオウエンを含むヨーロッパ各地からの見学者が訪れた。学園内部での争いが起こったため，最終的に 1825 年に閉鎖されたあと，ペスタロッチはまだ所有していたノイホーフの家に戻った。学園内の教師たちの争いが元で病気になり，温泉地ブルックに行ったが，その地で 1827 年に死去した。

後に建てられた彼の墓碑には，次の碑文が記されている。

　ヨハン・ハインリッヒ・ペスタロッチここに眠る

　1746 年 1 月 12 日に生まれ　1827 年ブルックで歿す

　　ノイホーフにおいては貧民の救出者

　　シュタンスにおいては孤児の父

　　ブルクドルフとミュンヘンブーフゼーにおいては新しい国民学校の創設者

　　イヴェルドンでは人類の教育者

　　人間，教育者，市民

　　すべてを他の人のためにし，己のためには何ものをも求めず

　　彼の名に祝福あれ

　ペスタロッチは自らの生涯を晩年の著作『白鳥の歌』のなかで描いているが，そのなかで，自らの多岐にわたるカリキュラム改革を「生活が陶冶する」という原理によって包括的に統合しようとする試みを行っている。彼が生涯をかけて追求した人道的目標，つまり恵まれない人々への教育に仕えるために献身と自己犠牲の人生を送ったことが，彼の最大の教育的遺産と言えるだろう。

　最良の教育者とは自分自身のために何ものも望まない人々，自らの世話や教育に対して感謝も褒賞も望まない人々であるということを，身をもって示した。

2　著作と思想

　ペスタロッチは教育分野だけでなく，社会や経済，宗教など非常に多くの分野の著作を残しているが，ここでは彼が70歳代前半に書いた『幼児教育の書簡』について要約する。

　この書は一時期イヴェルドンの学園に滞在し，英語や古典語を教えていたイギリスの博愛主義者グリーヴスに宛てた34通の書簡集である。

　ペスタロッチはこの書の第33信でこう書いている。「幼児のうちにある母親に対する愛と信頼の感情。幼児のこの感情やこの感情に類似しそれに由来する感情の上に，私は最初の基礎を樹立したいと思う。そして私はその後の教育の各段階の導きとしたいと思う」。ペスタロッチのこの宣言は，質の高い幼児教育は，すべての段階の教育モデルとなるべきだという宣言でもある。

　ペスタロッチによれば，子どもには人間本性のすべての能力が付与されており，良心や純粋な徳という精神的本性さえ与えられているが，幼児はそれらの

すべてが未発達で，また開いていない蕾のようである。それゆえ，愛と信頼の感情，微笑みの眼差し，共感と信頼に支えられた応答的な関係，自制心などの習慣によって教育し，発達へと導いていくべきだと説いた。これらは後の教育段階においても必要な教育力となる。

　そのうえで，子どもの主体性を重視した教育を行うことが大切だと説く。そのための教育方法としては，「直観教授」（さまざまな感覚器官を十全に働かせて実物や絵画を観察する）や「合自然性の原理」（自然の秩序に従った順序で），「生活圏の原理」（子どもの生活を通じて読みまた考える）ことが重要とされた。

3　子ども観

　ペスタロッチは，子どもがよい人格を形成するかよくない人格を形成するかは，教育の結果であることを強調した。彼が書いた寓話の一つはそのことを示している。（長田新編『ペスタロッチー全集　9』平凡社，1974年，pp. 56-57）

　「発育も成長も瓜二つのようによく似た二匹の子馬が別々の人に手にひきとられた。一方の子馬を買ったのは一人の百姓で，彼は子馬の本性を善導することなどは考えずに，賤しい仕事をさせるために鋤や荷車に馴れさせた。他の一匹は或る調教師の手にひきとられた。彼は子馬の本性を善導すること，すなわち子馬の端正な姿，その力，その元気を害わずに育成することによって，役に立つ馬に仕込もうとした。この馬は立派に逸物となった。ところがもう一つの馬は，それが持っていた高尚な本性を跡形もなく失った」

　ペスタロッチは子どもを，教育施設（学校）にいるときでさえ情動的支えや安全の要求をもつ社会的情動的存在とみなしていた。それゆえ彼が提供しようとしたのは母親の愛情や父親像であり，家庭を学校化しようとしたのである。

4節　フリードリッヒ・フレーベル

1　生涯

ドイツの森林地帯であるチューリンゲン州オーバーヴァイスバッハ村で，フレーベル（Fröbel, F., 1782 ～ 1852）は 1782 年 4 月に生まれた。6 人兄弟の末子だった。彼の父親は 5000 人を擁する 6 つの村で仕えた牧師だった。生後 9 カ月で母親を失い，兄たちや家の使用人によって育てられた。4 歳のときに父親が再婚した。継母はしばらくの間フレーベルに親切だったが，彼女が妊娠した後，幸福な期間は終わった。

10 歳のときに，救援が来た。家庭環境がますます耐え難い状況になっていたときに母方の伯父が家族を訪問し，事態の深刻さを見てとり，それほど遠くない村シュタットイルムで一緒に住むようフレーベルを誘った。伯父の家で少年期を過ごしたフレーベルは，読み書きが不得手だったが，美しい田園地帯を歩き回り，社会的にも適応し自分に対する自信もつけていった。

15 歳のとき，キリスト教の成人の儀式である「堅信礼」を受けた後，父親の家に戻った。彼は兄たちのように大学に行きたいと言ったが，義母の考えから大学教育に値しないと見なされ，林業見習いとして 2 年間林務官の徒弟に出た。この期間が終わった後もフレーベルは大学に行くことを望んでいたが，その手段がなかった。ちょうどそのとき，死んだ実母のわずかな遺産を相続したので，イエナ大学の学生だった兄と一緒に住む許しを父親から得て，大学で植物学などの自然科学の講義を受講した。しかし資金不足のために 2 年でイエナを出なければならなかった。だが，この 2 年間で彼は時代精神を吸収した。

19 歳でイエナを去り父親の家に戻ったが，数カ月後（1802 年）に父親が亡くなったため家を出て，秘書や簿記・会計士などの職を転々とした。1805 年に，思いがけず伯父の遺産相続があったため，フレーベルは建築家になることを志し，フランクフルトに行った。そこでフレーベルは，「模範学校」の校長アントン・グルーナーと懇意になった。グルーナーはペスタロッチの門下生で，

「模範学校」ではペスタロッチの方法を採用していた。その学校を訪問した際，フレーベルは教育に関する自らの考えを他の教師たちに話した。フレーベルの『自伝』によると，フレーベルの教育に関する考えを聞いていたグルーナーは，「建築業はおよしなさい。それはあなたには適しません。教師におなりなさい」と語ったという。（長田新訳『フレーベル自伝』岩波文庫）

　若干の躊躇の後，フレーベルは模範学校での職を受け入れ，建築家になることを諦めた。彼は思いやり深く，親切に子どもたちに接したが，教室での教育実践については無知であることを痛感した。そのことをグルーナーに話すと，彼はイヴェルドンのペスタロッチのところで数週間学んでくるように勧め，手配もした。フレーベルはペスタロッチの学園での教育に感銘を受け，フランクフルトに戻って，2年間グルーナーの学校で教えた。

　1808年，フレーベルは自らの教育に関する考えを探求するため，地主階級の夫婦の3人の息子の家庭教師の職を引き受けた。この期間に，遊びながら学べるような教育ゲームを開発したが，まだまだ学ぶ必要があると感じて，3人の教え子を連れてペスタロッチの学園を再訪し，2年間教師をしながら学んだ。

　1810年にフランクフルトに戻り，翌年には家庭教師の契約期間も満了したので，当時最も進歩的な学校の一つだったゲッチンゲン大学で苦手だった言語学を学ぼうとしたが，すぐに諦めて自然科学に鞍替えした。彼は特に結晶学に興奮を覚えた。当時著名な結晶学者クリスティアン・ヴァイス教授がベルリン大学で教えていたため，1812年にベルリンに行き，ヴァイス教授の講義を受けた。フレーベルは結晶形成の法則を学び，生物と無生物との両方に当てはまる成長の法則を発見したと信じた。これが彼の教育学の基礎となった。

　プロイセンがナポレオンに対して蜂起した際，31歳の彼は義勇軍に入隊し，ランゲタールとミッデンドルフという2人の親友を得た。ナポレオンの敗北の後，鉱物学博物館での仕事をヴァイス教授から与えられ，2年間を結晶の研究に費やした。

　1816年にフレーベルはチューリンゲンに戻り，その後カイルハウで「一般ドイツ学園」という名の教育施設を開設し，兄の未亡人の3人の息子や他の甥

を生徒として教えた。ミッデンドルフやランゲタールにも一緒に仕事をするように誘い，彼らはやってきた。フレーベルは，ヴィルヘルミネ・ホフマイスターとその後結婚したが，フレーベルも彼の妻も経営の才能には欠けていた。さらにフレーベルの独裁的態度が災いし，施設内の教師たちの間でいざこざが起こり，フレーベルは彼らと別れて新しい学校を設立せざるを得なくなった。数年間の紆余曲折の後，フレーベルは1836年にカイルハウに戻り，1837年に「幼児期と青少年期の作業衝動を育成するための施設」を開設する。これは遊具の製造および発送所であったが，1839年には「遊戯および作業施設」を開設し，幼児の教育と指導者養成を行った。

　フレーベルは，今や幼児教育学が世界的重要性をもつと考えて，ドイツ各地で講演を行ったが，1840年にその施設の名を「キンダーガルテン」（「子どもの園」の意，幼稚園）と名づけた。その後も幼稚園教育についての講演を続けたが，1851年に甥のカール・フレーベルが書いた社会主義的パンフレットが原因で誤解され，幼稚園禁止令が出された。

　フレーベルは，その翌年の1852年6月21日に亡くなった。ミッデンドルフは，フレーベルの墓の上にフレーベルの教育遊具「恩物」をかたどった球・円柱・立方体からなる記念碑を設計した。それには，「さあ，私たちの子どもらに生きようではないか」というフレーベルの呼びかけが記されている。

2　著作と思想

　フレーベルの主要著作として，1826年に書かれた『人間の教育』と1844年刊行の『母の歌と愛撫の歌』，そして死後1861年に出版された『幼稚園教育学』がある。

　『人間の教育』は，彼の教育哲学を表明している。フレーベルにとって自然界，特に植物の成長は，人間の教育の方法を象徴するものだった。それゆえ，強制的・干渉的教育を退け，子どもの本性を尊重する受動的・追随的教育を擁護した。またこの書のなかで，乳児期，幼児期，少年期，少年期以後に分けて発達段階の特徴を説明し，発達段階を飛び越したり無視したりすることなく，

それぞれの段階で，活気に満ちた完全で独自な発達を遂げることによって，次に続く段階が十全に形成されることを忘れてはならないとしている。

『母の歌と愛撫の歌』には56曲の歌が収められており，最初の7曲は赤ちゃんに対する母親の気持ちを表明する歌で，49曲の「遊戯の歌」は，母と子どもがともに遊ぶための歌で，幼児の言語能力，知性，精神を育むように作られている。

『幼稚園教育学』は，幼児のための「恩物」（球や円柱，立方体などの教育遊具）と「作業」，そしてその使用法についての説明が含まれている。子どもが「恩物」で夢中になって遊ぶとき（作業），自己の行動や思考力を発見し，創造力を最大限に発揮するとフレーベルは考えた。

3　子ども観

フレーベルは子どもを人類の一部，自然の一部，宇宙万物の一部分と見なした。万物の本質は神性なものであるゆえ，子どもの本質も神性であると考えた。これがフレーベルの児童神性論である。教育の目的は，子どものもつ神性が，自然の諸段階に倣って表現されるのを援助することだと彼は考えた。子どもが遊具を使って遊ぶとき，それはそのまま学びであると言えるが，子どもの活動をより豊かにするよう「媒介者」としての役割を果たすことが，保育者の役割だと彼は主張した。

参考文献

Elkind, David. *Giants in the Nursery: A Biographical History of Developmentally Appropriate Practice*, Redleaf Press, 2015.
コメニウス，J. A. 著　太田光一訳　パンパイデイア――生涯にわたる教育の改善　東信堂　2015
コメニュウス著　鈴木秀勇訳　大教授学　明治図書　1968
フレーベル著　荒井武訳　人間の教育　岩波書店　1964
ペスタロッチー，J. H. 著　前原寿・石橋哲成訳　ゲルトルート教育法・シュタンツ便り　玉川大学出版部　1987
ルソー，J. J. 著　今野一雄訳　エミール　岩波書店　1962

13章　保育思潮の変遷と子ども観（科学的教育学の時代へ）

1節　ロバート・オウエン

1　生涯

　オウエン（Owen, R. 1771 ～ 1858）は『自叙伝』の冒頭で，「私は 1771 年 5 月 14 日，北ウェールズ，モントゴメリーシャーのニュータウンで生まれ，翌 6 月 12 日に洗礼を受けた」と記している。父親は馬具商兼金物商をしており，母親は心持ちの優れた女性だった。10 歳のときに兄を頼ってロンドンに出て，呉服商の徒弟奉公に従事した後，ロンドンやマンチェスターで商店の店員として働き，19 歳のときに独立して，綿糸紡績の仕事を始めた。20 歳の若さで，マンチェスターの 500 人の労働者を擁する綿糸紡績工場の支配人となり，成功を収める傍ら，「マンチェスター文学哲学会」の会員となり，著名な知識人た

※写真と本文の内容は直接的には関係ありません。

ちと懇意になった。

1800年には，スコットランドの大事業家デイビッド・デールの紡績工場の経営を任された。彼は工場労働者の労働条件の改善に取り組み，賃金・労働時間・労働者住宅の改善をし，労働者の生活向上のために，生活物資の共同購入を組織した。

また1816年，労働者の子どもたちのために「性格形成新学院」を開設し，世界最初の保育施設「幼児学校」（Infant school）を置いた。この学校はもともと，人間の性格そのものを教育によって変え，労働意欲を永続させようという目論見から考案されたようだが，オウエンは工場経営者としての立場を超えて，社会改革者へと変身していった。当時の学校は暗記学習が中心で，アメとムチによる強制教育だった。オウエンはそのような学校とはまったく違うという意味で「新」学院と名づけ，学習意欲を内面から引き出す方法を考案した。

教師となったジェームズ・ブキャナンと，後に保育者として雇った17歳のモリー・ヤングに与えた指示が『自叙伝』に載せられている。

「どんな理由があろうと子どもたちを誰一人叩くな。どんな言葉や態度であっても，決して子どもを脅してはいけない。罵声を浴びせてもいけない。いつも愉快な顔をして，親切な態度と声の調子で話しなさい。……そして子どもたちには，あらゆる機会に仲間を幸せにしてあげられるようできることは何でもしなさい，と言いなさい」（第8章）

それが2人に受け入れられると，続いて「子どもたちを本で苛立たせてはいけない。彼らの周りにあるありふれたものの使い方や特質，本質を教えなさい。子どもの好奇心が刺激されて，それらについて質問するようになったら，親切に会話口調で教えなさい」と指示した。実物，模型，地図や動物の絵による直観教授の導入である。また「誰にも依怙贔屓をしてはならない」とも指示した。

その結果，「子どもたちは体罰や罰の恐れなしで訓練を受け，教育されたので，学校にいる時の彼らの表情は，かつて見たことがないほど幸せそうだった」という。オウエンは次のことを確信していた。

「すべての子どもたちが優良な性格を形成するために，社会は誕生時から優

れた環境と方策を採用すべきである。そうすれば，誰でも子ども達を愛さずにはいられなくなるだろう。これこそ隣人を自分自身のように愛することを可能にする唯一無二の方法である」（第8章）

　しかし，オウエンが既存の宗教組織を批判するようになるにつれて，支配階級の支持を失い，無神論との非難を受けてこの学園は閉校に追い込まれた。

　1824年にはアメリカに渡り，翌年インディアナ州に理想の共同体ニュー・ハーモニーを建設したが，十分な成果が得られないまま，3年後に息子に運営を委ねてイギリスに戻った。その後は，「みんなは一人のために，一人はみんなのために」を原則とする「協同組合」運動を指導し，彼の理想的理論の集大成とも言える『新道徳世界の書』（1842〜44）と『自叙伝』（1857）を執筆した。晩年の一時期，19世紀後半の精神的風土の影響を受けて心霊主義に傾倒した。

　「協同組合運動の父」オウエンは，1858年11月に87歳でこの世を去った。

2　著作と思想

　ここでは，4部から構成され1816年にまとめて刊行された『新社会観，または性格形成論』について考察する。

　第一試論で彼はこう書き始める。「適切な手段を用いれば，どんな性格でも，最善のものから最悪のものまで，最も無知なものから最も知的なものまで，どんな社会にでも，広く世界一般にさえ，付与することができる。しかもその手段の大部分は，世事に影響力を持つ人々が広範囲に駆使できるものである」

　問題は，「適切な手段を用いれば」というところである。オウエンによれば当時の教育は，根本的に間違った考え方で，間違った教育をしていた。間違っているのは，人間は自分自身の性格，意志，感情を形成するゆえに，自分の性格，意志，感情に責任をもつべきであるという考え方であり，そのためにある者には賞を，ある者には罰を与えるという方法だった。彼は第三試論で，「人間の性格は，ただ一つの例外もなく，常に彼のために形成される」と断言している。人間の性格，意志，感情は，自分自身で形成するものではなく，外部の

社会環境との相互作用によって形成される。それゆえに彼は第二試論で，「当該問題の正しい知識に基づけば，事前事後のきちんとした配慮によって，子どもはどんな性格でも持てるように集団的に形成される」と述べることができた。

3　子ども観

　オウエンは『性格形成論』の第三試論で，人間の本性について考察をし，次のように述べている。

(1)　人間は生まれながらにして，幸福になりたいという願望を持っている。この願望は人間のすべての行動の第一原因であり，生涯を通じて継続する。

(2)　人間は成長するにつれて，種々の観念を受容し，伝達し，比較する能力を持ち，受容，比較する活動を意識するようになる。

(3)　受容，伝達，比較，理解された観念は，人間の知識，精神を構成し，成長するにつれて強さと円熟性を増す。

　このようにオウエンは，人間は先天的に諸能力の素質を持って生まれるが，環境を通して諸能力を発達させるので，教育の役割は，子どもの個性や発達段階に配慮し，適切に環境を整えることだと考えた。

　また子どもたちは，「集団的に形成される」ゆえに，「幼児学校」の運動場にやってくる子どもたちに与えられる教訓は，「一生懸命お友だちを幸せにしてあげましょう」というものだった。

2節　マリア・モンテッソーリ

1　生涯

　モンテッソーリ（Montessori, M., 1870 ～ 1952）は 1870 年 8 月，イタリアのアンコナ県にあるアドリア海沿岸の港町キャラヴァッレで生まれた。19 世紀半ばという時代背景を考慮すると，モンテッソーリは並外れた女性だった。彼

女は当時の社会では乗り越えられないと思われるような障害を克服し，イタリア初の女性医師となった。

医学の学位を受けた後，今日では「特別なニーズを持つ」と呼ばれる子どもがいた精神障害者保護施設での診療の職に就いた。当時，非人道的方法で扱われていた子どもたちのためにモンテッソーリは代替手段を探し，イタールとセガンの仕事に惹かれた。特に新しい教材と新しい教育方法を考案していたセガンの仕事から多くの啓発を得て，発達段階において遅れている子どもや限界のある子どもたちに適用し，成功していた。

モンテッソーリは特別支援学校の必要性を確信し，講演活動も行った。1900年には，主にモンテッソーリの主張のおかげで知的障害児のための施設がローマに設立され，自然の成り行きでモンテッソーリが監督に任命された。しかし彼女はすぐに，その仕事を共同監督者に委ねて，知的障害児のために使用した方法を普通児にも試してみたいと思った。それでローマ大学で再び教育学を学び，セガンの著作の翻訳を行った。1907年に，住宅開発協会がローマのスラム街に作った住宅付設の保育施設の経営者の募集があり，モンテッソーリに打診が来たところ，友人や同僚はたいそう驚いたが，彼女はその仕事をすんなりと引き受けた。これが「子どもの家」（Casa dei Bambini）であり，2歳から6歳までの子ども50人の教育が始まった。

モンテッソーリは，続く2年間，教師たちを訓練し，さまざまな教具を考案・改良し，また新しい教具を導入した。さらに彼女は，子ども用サイズの椅子とテーブル，食器と洗面台を作らせた。ドアノブも低い位置に変更させ，洗面台に立てるよう踏み台も置いた。モンテッソーリの教育理念は，「大人が子どものために何かする前に，子どもが自分で容易に行える環境を作ること」だった。彼女はセガンの教育理念にも従い，最初に基本的な感覚識別能力と運動識別能力をつけさせることを主張した。また，彼女は「秩序」にも力点を置いた。

彼女の実験は大成功だった。「子どもの家」には世界中からの訪問者が押し寄せ，モンテッソーリは世界的なスーパースターになった。1909年に発行さ

れた彼女の著書『子どもの家における幼児教育のための科学的教育法』（邦訳『モンテッソーリ・メソッド』）は多くの言語に翻訳され，世界的に有名になった。それ以後の約40年間，彼女はアメリカやヨーロッパ各地，インドに旅をし，講演や教師の訓練を行った。1952年5月，82歳のモンテッソーリはアフリカへの講演旅行を計画していたが，オランダのアムステルダムの友人宅で，脳溢血のため死亡した。

2 著作と思想

モンテッソーリは多くの著書を書き，さらに多くの講演も本になった（『吸収する心』など）が，ここでは『モンテッソーリ・メソッド』と『幼児の秘密』について考察する。

『モンテッソーリ・メソッド』のなかで，彼女はセガンを中心とした教育方法の歴史や「子どもの家」で採用された教育理論について詳述している。その一つに「課題の与え方」がある。課題は子どもに直接指示するのではなく，むしろ環境を整えることの必要性を説いた。環境さえ整えれば，子どもの自己規律は自然に発達する。他の部分では，セガンの研究成果に基づく筋肉教育や感覚教育，読み方と書き方の教授法，算数の教授法について章立てて書いている。

モンテッソーリ自身はセガンの教育理念やセガンが開発した教具を詳しく説明しているだけだが，それらが世に広まったのはモンテッソーリの天賦の才のおかげである。

『幼児の秘密』のなかで，モンテッソーリは乳幼児期を「敏感期」と呼んでいる。この時期の子どもの心は感受性が特に強く，外的環境を吸収しながら急速に発達していく。なかでも清潔さや秩序に対する感受性を重視している。そのためモンテッソーリは，子どもたちが手作業のための教具を使い終えた後は，それらを元あった棚に戻すことを求めた。

さらに，子どもの家で子どもが自ら始める仕事は，幼児であっても長時間の注意の集中が可能であるという。彼女が作った教具は，教具自体に間違いを正す機能があるので，子どもの注意を引きつけ，持続させる力をもつからだ。

3　子ども観

　モンテッソーリは，子どもは多くの肯定的な資質を達成する可能性をもつものと考えたが，それは適切な教育によってのみ完全に実現されると考えた。「適切な教育」とは，一人ひとりの子どもがもつ多くの資質の発達可能性には，それぞれ最適の時期が存在するので，その時期に資質を発達させる環境が用意されなければならないということである。

　モンテッソーリは「子どもの家」で，3歳ぐらいの女の子がモンテッソーリ教具の「円柱さし」を繰り返しているのを見たが，集中していて周りの状況には気づいていなかった。モンテッソーリは教師に，彼女の周りで歌や踊りをするよう指示したが，女の子の作業は中断することはなかった。女の子は，モンテッソーリが数え始めてから42回続けた後，夢から覚めたようにその作業を終え，幸せそうな表情を見せて周りを見回したという。しかしモンテッソーリは，「何が終わったの。なぜ終わったの」と書いている。（『幼児の秘密』）

　モンテッソーリのこの疑問は重要である。大人には不思議に思えたとしても，子どもは自分の行動の意味や目的をわかって反復している。外部からの強制ではなく，内奥の要求によってなされる行動ができるような環境づくりが大切である。

3節　ジャン・ピアジェ

1　生涯

　ピアジェ（Piaget, J., 1896～1980）は1896年8月に，スイスのヌーシャテルで生まれた。父親はヌーシャテル大学文学部の教授だった。ピアジェは10歳でラテン語学校に入り，16歳のときにはギムナジウムに入り，軟体動物について研究し，論文も発表した。3年間のギムナジウムを卒業後ヌーシャテル大学に進み自然科学分野での学士号を得たが，卒業と同じ年に「ヴァレ地域の軟体動物学序説」と題する博士論文を書き終えて，22歳で博士号を取得した。

　その後，カール・ユングが働いていたチューリッヒのブロイラーの精神医学病院で働いたり，パリに移ってソルボンヌ大学で心理学を教えたりした。大学の同僚に，ビネー・シモン知能検査を作ったセオドア・シモンがいた。ピアジェは知能検査の改良版をテストするよう依頼されたが，テストを続けるうちに，答えが正しいか間違いかではなく，子どもたちがしばしば自発的に間違った答えを出すことに興味をもった。彼はこの「間違い」を，子ども独自の意味をもつものとして追求し始め，知能に関する論文を発表した。

　ピアジェは1921年に，ジュネーブにある「ルソー研究所」での職を得た。ここで彼は長期にわたる研究を続けることになる。毎朝4時に起きて論文を書き，その後研究所での授業，会議，研究を行った。彼が取り組んだ問題は，「私たちは，どのようにして外的世界を知るようになるのか」だった。

　以後，彼はほとんど休む間もなく研究を続け，60冊を超える本や膨大な数の研究論文を書いた。そして1980年9月に84歳で，ジュネーブで亡くなった。

2　著作と思想

　ピアジェの60年にわたる研究は，初期，中期，後期の3つの時期に分けられる。初期の仕事の特徴は，「自己中心性」から「社会中心性」への移行に焦点が当てられている。

　ピアジェは世界についての子どもの自発的思考を発見した。さらに彼は『子どもの言語と思考』(1926) において，幼児が自分を他の人の立場に置いたり，他の人の観点に立ったりすることができないという意味で「自己中心的」であることを明らかにした。『子どもの世界観』(1929) において，幼児は物の名前が物それ自体と同一であると感じており，また，夢は外から自分自身のところにくるもので，外部にあるものだと信じていることを明らかにした。

　『子どもの因果関係の認識』(1930) では，幼児は強さと運動を同一視することが報告された。例えば，石は丘から下に転がるなら強いが，止まっているなら弱いと考えることを発見した。『子どもの判断と推論』(1928) では，幼児が関係性を完全には把握できないことを明らかにした。例えば，子どもに兄弟

か姉妹がいるなら，兄（弟）や姉（妹）にとっても兄弟がいることを理解できないことも発見した。『子どもの道徳的判断』（1948）では，幼児が罪の重さを「量」で判断するのに対して，より年長の子どもは行動の「動機」で判断することを報告した。

中期に当たる1930年代の仕事の特徴は，より年長の子どもに見出せる思考の起源が，幼児期にあることを明らかにすることだった。

『子どもの知能の起源』では特に遺伝的素質（nature）に起因する知的過程を取り扱い，『子どもにおける実在の構成』では経験や環境（nurture）によって獲得する概念の構成について論じ，『子どもの遊び，夢及び模倣』では社会に起因する象徴化の発達を取り扱っている。ピアジェにとって，知的発達はいつも遺伝と環境と社会との産物であった。

後期に当たる1940年代から死までは，子どもが大人と同じような世界観をどのようにして，徐々に構成するようになるかに焦点を当てた。例えば，量については『子どもの量の構成——保存と原子論』（1941）で，論理構造については『子どもの数の概念』（1952）で，時間については『子どもの時間の概念』（1970）で明らかにした。

さらにピアジェは，知能の発達を「知的操作が円熟する過程」として理解し，記憶については『記憶と知能』（1973）で，想像力については『知的想像と子ども』（1971）で明らかにした。この知的発達とは操作の円熟化だという理論が，ピアジェの発達段階論である。

・感覚運動協調段階（通常０～２歳）……「対象物の永続性」を知的に構成するのに必要な能力が発達する段階
・前操作的段階（通常２～７歳）……「象徴的機能」を磨く段階。言語の漸進的な獲得，夢と夜の恐怖の最初の兆候，「象徴遊び」の出現，「表象的思考」（りんごは食べるもの，自転車は乗るもの）
・具体的操作段階（通常７～11歳）……現実の行動を通して行ったことを，頭のなかで内面化された行為として推論の力をつける段階。帰納的，演繹的推論の出現，カテゴリー的思考（りんごは果物，自転車は車または

交通手段）

・形式的操作段階（通常 12 〜 15 歳）……代数や歴史的時間などの象徴の象徴を理解できるようになる。自分が考えていることを考えることができる。将来のことを推論できるなど

3　子ども観

　ピアジェは，子どもは大人とは違った仕方で考えるというルソーの直観を，科学的実験的手法で証明した。さらに上述した認知発達の段階との関係を明らかにすることにより，発達段階に不適切な教育行為が間違いであることも明らかにした。保育や教育は，子どもの知的発達の段階の理解から始めなければならない。不適切でない場合があるのは，ヴィゴツキーが言うように，社会的道具の助けを借りれば達成できる場合（発達の最近接領域）のみである。

4節　エリク・エリクソン

1　生涯

　エリク（エリクソン）（Erikson, E., 1902 〜 1994）の母カーラ・アブラハムセンは，コペンハーゲンの著名なユダヤ人家族の出であった。カーラは 1898 年にユダヤ人の株式仲買人サロモンセンと結婚したが，一夜をともにすることなく，サロモンセンは詐欺の罪に関与しているため国外に出なければならないと述べて姿を消した。1902 年にカーラはエリクを産んだが，父親が誰かは最後まで明かさなかった。エリクの誕生後カーラはドイツに移住して看護師として働いたが，エリクが 3 歳のときにかかりつけの小児科医テオドール・ホーンブルガーと再婚した。そのため，彼はエリク・ホーンブルガーとなった。彼は 6 歳で義務教育学校に通い始め 9 歳のときに卒業，ギムナジウムに進み 18 歳で卒業した。

　義理の父親は大学に進学して医学を学ぶことを勧めたが，エリクは 9 年間

ヨーロッパを徒歩で遍歴する旅に出かけた。1927年にエリクは友人の勧めで
ウィーンに行き，家庭教師や学校の助手として働いた。家庭教師先のバーリン
ガム夫人はアンナ・フロイトと懇意にしていたため，アンナ・フロイトはエリ
クに「分析」を受けるように提案した。これは治療のための分析ではなく，エ
リクが後に精神分析医になるためのトレーニング分析だった。3年近くの分析
の後，エリクが教師としての訓練を受けていなかったため，アンナはエリクに
モンテッソーリ・メソッドの訓練を受けるよう提案した。エリクは訓練を受け，
モンテッソーリ教師になった。

　エリクはアンナの父親であるジグムント・フロイトとも親しくなり，ウィー
ン精神分析協会の正会員となった。児童精神分析医として認定された後，1930
年に結婚していたジョアンとともに母親の故郷デンマークに移住したが，市民
権を得られず，結局1933年にジョアンの母親が住んでいたアメリカのボスト
ンに移住した。

　エリクと妻，そして2人の息子は自由の女神やニューヨークの摩天楼を見て
感銘を受け，またアメリカの人々から温かく歓迎されたことにも感動した。

　エリクは最初，個人の診療所やハーバード大学の児童センターで働き，その
後コネチカット州のエール大学ではマーガレット・ミードと親友になった。さ
らにカリフォルニア大学バークレー校に移ったが，その際アメリカの市民権を
申請し，1933年に認められた。息子たちの勧めで，スカンジナビアの伝統に
従いエリクの息子という意味のエリクソンを名乗った。そして彼は，エリク・
エリクソンとなった。

　バークレー校で10年余り教える間に，『幼児期と社会』（1950）が出版され
た。その後，エリクソンはピッツバーグ大学での仕事を受け入れ，マサチュー
セッツに移転した。ここで10年ほど研究と教育に携わり，『青年ルター』
（1958）などを書いた後，ハーバード大学の教授職が認められたため，ボスト
ンの対岸に位置するマサチューセッツ州ケンブリッジに移り，『洞察と責任』
（1964）や『アイデンティティ――青年と危機』（1968），『ガンディーの真理
――戦闘的非暴力の起源』（1969）などを書いた。

1970 年にハーバード大学を退職したのちも執筆，顧問，講演活動に携わり，『新しいアイデンティティの新次元』（1974）や『玩具と理性』（1977），『ライフサイクル，その完結』（1982）として結実した。晩年は健康上の問題を抱え，衰弱し，1994 年 5 月に死亡した。

2　著作と思想

　ここでは，エリクソンが『幼児期と社会』のなかに収めた論文「人間の 8 つの発達段階」について考察する。ただし，保育学に関係する最初の 3 つの段階を中心とする。

・乳児期：信頼 対 不信（0 〜 1 歳）

　子どもがどの程度世界や他の人々および自分を信頼するかは，子どもが受ける世話の質に大きく依存する。欲求が生じたときにそれを満たされる乳児や，不快感をすぐに取り除かれて抱擁される子ども，さらに愛をもって導かれ，一緒に遊んでもらえて話しかけられる子どもは，世界を安全な場所として捉え，人々を信頼できるものとしてみる意識を発達させる。他方，世話が首尾一貫せずに不適切で，拒絶的な場合は，子どもは基本的不信を育てる。乳児にとって不信体験は，世間一般や特定の人に対して，恐れと疑いの態度を育てることにつながる。

・幼児期前期：自律 対 恥と疑い（2 〜 3 歳）

　エリクソンはこの時期に「自律性」が出現するという。この段階の子どもは，歩く，登る，つかむ，放す，開く，閉じる，押す，引くなどができるようになる。もし親や保育者が，子どもは子ども自身のペースと時間で行う必要があるということを理解しているなら，子どもは筋肉，衝動，自己をコントロールする意識を発達させる。この自己統制感が，エリクソンのいう「自律性の感覚」である。

　他方，保育者がせっかちで，子どもが自分でできることをいつも代わりにやってしまう場合，子どもは「恥と疑いの感覚」を補強してしまう。

・幼児期後期：積極性 対 罪悪感（3 〜 5 歳）

　おおよそ，自分の体の主人となる時期であり，三輪車に乗る，走る，方向を変える，打つなどのことができるようになる。このような活動を，子どもは自ら始めることができ，もはや他人の模倣をするのではない。

　子どもが「罪悪感」よりも「積極性」を獲得するかどうかは，子どもが自ら始めた活動に，親や保育者がどのように反応するかに大きく依存する。走ること，自転車に乗ること，滑り台で滑ること，スケートや相撲などの運動遊びを始める自由と機会が十分に与えられる子どもは，「積極性」の感覚を補強する。また，知的な積極性である子どもの質問に真面目に答え，子どもの空想や遊びをあざけったり，抑制したりしなければ，この場合も「積極性」は補強される。

　他方，子どもの運動活動を非難したり，質問することを迷惑だと言ったり，子どもの遊びを無分別だとか愚かだと言うなら，子どもは自ら積極的に始める活動に対して「罪悪感」を抱くようになる。

　以下の発達段階に現れる心理社会的次元は次のとおりである。

・少年期：勤勉性 対 劣等感（6 〜 12 歳）

・思春期：アイデンティティの確立 対 アイデンティティの拡散（12 〜 20 歳）

・初期成人期：親密性 対 孤独（20 〜 40 歳）

・後期成人期：生成継承性 対 停滞（40 〜 60 歳）

・老年期：自己統合性 対 絶望（65 歳以上）

3　子ども観

　エリクソンは長い子ども期を，子どもにとって本質的なものと見なしている。その長い子ども期の間に，子どもはさまざまな心理的苦悩を経験するが，その元となるのは「日常の現実生活」だと考えた。エリクソンはフロイトの提唱した「反復強迫」（人は苦しい経験をすると，それを言葉や行為で再び演じないではいられない）からヒントを得て，子どもは受動的立場を能動的立場に変え，遊びとして表現すると考えた。彼は『幼児期と社会』（「幼児と玩具」）のなかで，「子どもの遊びとは，ある事態の雛形を創造することによって経験を処理し，また実験し計画することによって現実を支配するという人間の能力の幼児

的表現形式である」と述べている。それゆえ，教育という社会的役割の重要性を強調した。もし，ある段階で否定的な経験をしたとしても，後の段階で修復することが可能であるという積極的な見方をした。

参考文献

SELECTED WORKS OF ROBERT OWEN. edited by Gregory Claeys, William Pickering, Vol. 1-4, 1993.
エリクソン，E. H. 著　仁科弥生訳　幼児期と社会　みすず書房　1977
オーエン，R. 著　斎藤新治訳　性格形成論　明治図書出版　1974
クレーマー，R. 著　平井久監訳　マリア・モンテッソーリ　新曜社　1981
芝野庄太郎　ロバート・オーエンの教育思想　御茶の水書房　1961
ピアジェ，J. 著　波多野完治・滝沢武久訳　知能の心理学　みすず書房　1998
土方直史　ロバート・オウエン　研究社　2003
モンテッソーリ，M. 著　鼓常良訳　幼児の秘密　国土社　1968
モンテッソーリ，M. 著　阿部真美子・白川蓉子訳　モンテッソーリ・メソッド　明治図書　1974

14章　保育思潮の変遷と子ども観（日本）

　本章では，以下の3点に焦点を当てながら，主として 1945（昭和 20）年までの日本における保育・幼児教育史を辿っていく。① 19 世紀前半のドイツに興った「フレーベル幼児教育思想」ならびに「幼稚園」が，近代化を目指す明治期の日本社会にどのように移入され普及に結びついていくのか。②子どもの主体性を尊重し，遊びそれ自体に教育的意義を見出すフレーベル幼児教育思想は，いかにして日本の保育・幼児教育の根幹に位置づいていくのか。③保育制度が幼稚園（文部省：現，文部科学省）と託児所・保育所（内務省：現，厚生労働省）という二元体制として定着していくプロセスはいかなるものか。こうした3点を見ていく前段階として，まずは，幼稚園が移入される以前の江戸期における日本の様子を確認するところからはじめることにしよう。

※写真と本文の内容は直接的には関係ありません。

1節　江戸期における子育て論および養育施設の萌芽

1　養育環境の整備と「始めを慎む」という教え

　江戸期（1603 ～ 1868）の子育て論の特徴は，養育環境の整備ならびに早期からの教育を求めるというところにある。例えば，儒学者の貝原益軒（1630 ～ 1714）は，『和俗童子訓』（1710）のなかで，その教育思想の根本原理を「予する」と表した。「予する」とは，子どもが悪にうつってしまう前に善悪を教えなければ，後から教えても善を理解せず，戒めても悪を断てなくなる，ということを意味する言葉である。そもそも江戸幕府が封建支配の思想として採用した中国由来の儒教においては，古くから「之を毫釐に失すれば，差うに千里を以てす（最初はわずかな違いでも，最後には大きな違いとなる）」のだから「君子」たる者，「始めを慎む」との考えが存在した。そこから多くの儒家たちが「胎教」や早期教育の重要性を説く子育て論を発展させたのである。このことから，儒学者である貝原が，幼少期の子どもでさえ勝手気ままを許さずに，しつけていくことが肝要という考えを示すのも当然だといえるであろう。

　さらに貝原は，子どもの年齢段階に応じた教育内容および教育方法の具体的展開（随年教法）についても紙幅を割いて詳述するなど，体系的な教育思想の持ち主であった。ただし，「遊び」については，子どもが遊びを好むのは自然の情であるから抑えつけてはいけない，という趣旨の記述は残しているものの，だからといって現在の保育・幼児教育が掲げるような意味で子どもの遊びに教育的意義を見出していたわけではなかった。

2　養育施設構想

　江戸期の人口の大多数を占めた庶民・農民たちにとって，生活困窮は避けて通れない問題であった。特に飢饉が度重なると全国各地で「間引き」と称される産児制限が常態化してしまい，これに対して間引きの禁令や養育料の給付などの策が講じられる場合もあったが，なかなか改善の兆しは見られなかった。

こうした社会的背景のもと，例えば大原左金吾（1762 ～ 1810）は『北地危言』
（1797）のなかで，奥羽地方の間引きを食い止めるために「養育の館」を建て，
そこで貧民家族に代わって乳幼児を養育し，その子どもが成長した後は樺太な
どにおいてロシアの南下勢力に対する北辺防備を託すという壮大な構想を披
露している。あるいは，農政学者の佐藤信淵（1769 ～ 1850）は，堕胎，間引
きなどの惨状を改善し貧民救済，乳幼児の保護を目的とした「慈育館」「遊児
厰」（今日の「乳児院」「保育所」に該当する）という施設構想を『垂統秘録』
（1833）のなかで表明している。ほかにも，1840 年代の津山藩「育子院」構想
などがあったが，いずれも具体化するには至らなかった。

2節　明治期における保育施設の誕生

1　学制公布と幼稚園誕生前史

　明治維新および文明開化によって，日本は新たに近代国家建設へと向かって
いくことになる。明治期（1868 ～ 1912）の始めには，「富国強兵」「殖産興業」
がスローガンとして打ち出された。国家の担い手の育成には国民の学力向上が
必須であり，また同時に，古い思考様式から脱し「一身独立」を果たすために
も教育・学問が不可欠であるとの認識もあいまって，近代教育制度が整えられ
ていくことになる。その礎といえるのが，1872（明治 5）年に公布された「学
制」である。ここでは，全国に大学校，中学校，小学校を建設し「国民皆学」
を目指すことが謳われた。このとき同時に，男女とも 6 歳未満の者を対象と
した「幼稚小学」（小学ニ入ル前ノ端緒ヲ教ル）という施設も構想されていた。
しかし後述するように，小学校ですら就学率が伸び悩むなかでの「幼稚小学」
の必要性は後回しにされてしまう。
　ところで，遡ること 1840 年にドイツにおいて実現していたフレーベルの幼
稚園は，その後の「幼稚園禁止令」（1851 ～ 1860）によって停滞を余儀なく
されていたが，他方で，フレーベル支持者たちの尽力により英国や米国を中心

とする欧米諸国を拠点に幼稚園活動は継続されていた。幕末のころより海外へ渡った日本の使節団や海外視察組は，ときにその渡航中において幼稚園活動を見聞することになる。その一例として，1873（明治6）年にオーストリアで開催された第5回「ウィーン万国博覧会」を挙げておこう。このウィーン万国博覧会においては，世界各国の幼児教育に関する出品物や実際の養育のさま，さらにはフレーベルの「童子園」やオーストリアの「育幼院」を展示・紹介する「童子館」というパビリオンが設けられており，世界中の参加者たちの関心を惹いた。その参加者の一人に，日本政府公式参加団の一員，近藤真琴（1831 〜 1886）もいた。彼はそのときの様子を『博覧会見聞録別記 子育ての巻』（1875）にまとめ出版している。さらに，そこで見聞した保育施設を自らが主宰する私塾（攻玉塾）内部に設置できないか模索するなどしたが，結局は塾内の反対にあって実現には至らなかった。やはり当時の日本においては，保育施設の必要性を認識する者が少なく，現実化は難しい状況にあった——実は 1875（明治8）年に，京都上京第30区（柳池）小学校に附設して「幼稚遊嬉場」が開設されている。しかし周囲の理解や応援を得られず，約1年半で閉園に追い込まれてしまっている。

2　官立幼稚園の誕生

　さて，ここにきてようやく幼稚園誕生の機会が訪れる。それは，岩倉具視遣外使節団に随行し帰国後は文部大臣補佐を務めていた田中不二麿（1845 〜 1909）と，1875 年に開校した東京女子師範学校（現，お茶の水女子大学）の初代摂理（校長）を務めていた中村正直（1832 〜 1891）との出会いによるものである。欧米を歴訪し「就学ノ楷梯」としての幼稚園の必要性を認めていた田中は，女子教育や幼児教育に高い識見を有していた中村に幼稚園創設の協力を要請したのである。当然，師範学校（教員養成校）として実習先が必要であるとの認識もあって，1876（明治9）年11月，文部省の手によって，日本初の幼稚園，東京女子師範学校附属幼稚園（現，お茶の水女子大学附属幼稚園）が誕生することとなったのである——ちなみに，開園から半年余り経った

1877（明治 10）年 6 月に整えられた「幼稚園規則」第 7 条には，「園中ニ在リテハ保姆小児保育ノ責ニ任ス」とあるが，これが現在まで至る「保育」という言葉の出発点である。

初代監事（園長）に関信三（1843 〜 1879），主席保姆に松野クララ（Clara Louise Zitelmann, 1853 〜 1931）を据え，ほかに豊田芙雄（1845 〜 1941）と近藤濱（1839 〜 1912）という 2 名の保姆がクララの指導のもとに保育を行った。クララは，もともとドイツでフレーベル幼児教育の理論を学んでおり，幼稚園開設にあたって重要な役割を果たした。その一方，同じく保姆となった豊田は水戸藩出身でもともと東京女子師範学校の国語教員として，近藤は寄宿舎長として勤めていたため，日本語が不自由なクララから保育の詳細を学ぶことには苦心したらしい。手探り状態のなか，ロンゲ夫妻著，桑田親五訳『幼稚園』（上中下巻：1876 〜 1878）や，ダウエイ著，関信三訳『幼稚園記』（上中下巻，附録：1876 〜 1877）などの翻訳書を参考に，さらに関が自ら著した恩物図解書『幼稚園法二十遊嬉』（1879）を手引書としながら，日本最初の幼稚園は開始されていく。

園児 75 人で開園を迎え，その年度末には園児数 158 人を数えた。3 〜 6 歳児を対象に，保育時間は 1 日 4 時間，保育科目は「物品科」「美麗科」「知識科」という 3 科目とされた。この 3 科目は 25 の子目（恩物操作ならびに計数，博物理解，唱歌，説話，体操，遊戯）から構成され，これら子目が 30 〜 45 分単位の時間割に沿って進められたという。しかし当初の幼稚園は，唱歌も説話も遊戯もほとんどすべて舶来のものだったため日本の子どもには馴染みにくく，さらに恩物操作といっても，机の上での操作の手順を重んじた課題をこなすことに終始してしまい，本来のフレーベルの思想理念が十分に実現されることはなかった。また，華族や官僚といった上流階級の子どもが馬車に乗り登園してくるという様子で，庶民感覚からは乖離した施設であることは否めなかった。

日本で 2 番目の幼稚園は，1879（明治 12）年，豊田芙雄が鹿児島県に招かれてその指導のもと開設に至った鹿児島女子師範学校附属幼稚園で，3 番目は同年開設の大阪府立模範幼稚園（1883 年に廃園），4 番目は同じく 1879 年開設，

仙台の木町 通 小学校附属幼稚園とされている。さらに大阪模範幼稚園に倣うかたちで，1880（明治13）年に大阪の北浜に町立愛珠幼稚園（現存する日本最古の木造園舎）の開設と続いていく。その後，少しずつ全国に幼稚園が広まっていくが，それでも幼稚園創設から10年ほどは，開設が遅々として進まなかった。それというのも，保姆の養成制度，保育設備の生産供給，保育に関する書籍出版などの基盤が確立されておらず，幼稚園の運営それ自体への理解が得られなかったからである。加えて，幼稚園を支持する人々は，欧米諸国の近代化の一端を移入し日本の近代教育制度の構築に結びつけたいとの熱意を抱いていたが，他方で，当時の一般庶民の間に，幼稚園および幼児教育に対する理解はほとんど存在していなかったという点も挙げられるだろう。

3　フレーベル幼児教育思想の受容と普及

　明治20〜30年代になると，近代化建設を目指す政策議論が一段落し，日常生活における課題へと大衆の関心が向き始める。例えば，小学校の就学率も上昇するなか，幼稚園の是非が問われたり，家庭教育論が盛んになっていったりと，子どもの教育に対する関心も飛躍的に増大していく時期にあたる。幼稚園普及という観点からも，明治20年代になると，東京女子師範学校附属幼稚園を範として，全国の師範学校に附属幼稚園がつくられるとともに，小学校附設の幼稚科・保育科（公立幼稚園）が開設されていく。しかし，ここで忘れてならないのは，これ以降急速な進展を見せる全国的な幼稚園普及に拍車をかけたのが宗教幼稚園を中心とする私立幼稚園の設立であったということである。そこにはもちろん仏教系幼稚園も含まれるが，ここではキリスト教系幼稚園に焦点を当て見ておきたい。

　そもそも明治になって日本外交の基本方針が「鎖国」から「開国和親」へと転換すると，それまで邪教として退けられていたキリスト教が黙認されるようになる。港町を中心に各地にキリスト教会が建てられ，外国人宣教師たちの活動も歓迎されるようになった。こうしたなかで，宣教師による教会附設の幼稚園開設がはじまるのである。初期のキリスト教幼稚園としては，すでに1880

年の時点で，桜井ちか（1855 〜 1928）による桜井女学校附属幼稚園，あるいは横浜山手居留地のブリテン女学校附属幼稚園などが存在した。また1886（明治19）年には，米国婦人宣教師ポートル（Porter, F. E., 1859 〜 1939）によって金沢に英和幼稚園が開設されている。こうした流れをたどる際，とりわけ，その後の日本の幼稚園のあり方にも大きな影響を与えたとされる米国婦人宣教師ハウ（Howe, A. L., 1852 〜 1943）に触れないわけにはいかないだろう。もともとシカゴフレーベル協会幼稚園教員養成所にて学んだ後，シカゴにある幼稚園の園長としての勤務経験を有したハウが，宣教活動を目的に来日し，1889（明治22）年に神戸に開設したのが頌栄幼稚園である。彼女は，フレーベル主義の普及と保姆養成を目的に頌栄保姆伝習所を開くとともに，フレーベルの著作の翻訳や講演など精力的に活躍を見せた。なかでもフレーベルの最大傑作の一つである『母の歌と愛撫の歌』を日本に紹介するために苦労を要したエピソードは有名である。彼女は，米国で普及していた英語版の『母の歌と愛撫の歌』を翻訳する際，明瞭な日本語文にするよう心がけるのはもちろんのこと，さらに挿絵を日本人に親しみがある風景に描き換えるという作業を行った。一例として，「幼な児と月」と題された歌の挿絵を比較してみると（図14 − 1），城の窓から月を眺めるというシチュエーションなど考えにくい日本の実態

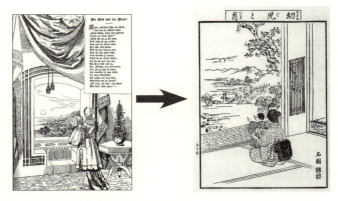

図14−1　挿絵の描き換えの例
（『フレーベル全集　第五巻』玉川大学出版部，1981 ／『母の遊戯及育児歌』頌栄幼稚園，1897）

に合わせて，畳敷きの和室から庭園越しに月を眺めるという改編がなされていることが了解できよう。彼女は，広く日本人にフレーベルの精神を伝えるために，さまざまな工夫を通じて，日本文化への統合を試みた人物なのである。

　思えば，これまで開設されていた公立幼稚園は，フレーベルの考えを取り入れながらも彼の思想の神髄に迫るものではなかった。なぜなら，近代化に伴う教育改革の一環として開設が進められたにすぎず，そこに宗教的な要素は必要なかったからである。しかし，ここに来てようやく，キリスト教の考えがその根底に流れる創設者フレーベルの想いを尊重した幼稚園のあり方が，日本においても問われ始める。

　さて，1887（明治20）年時点で67園だった幼稚園は，1897（明治30）年には222園と公私立ともに普及していくと同時に，その園数増加に応じて新たな段階を迎えることとなる。一つには，幼稚園関係者による保育研究団体が東京（フレーベル会：1896年創立）と関西（京阪神聯合保育会：1897年創立）に生まれ，研究機関誌の発行によって保育研究の推進が促されていくこと，もう一つには，幼稚園数の増加を受けて，法的整備や保姆の処遇改善を含め，明確な制度化の必要性が叫ばれるようになっていくことが挙げられる。こうしたなか，フレーベル会から文部大臣宛に「幼稚園制度ニ関スル建議書」（1898）が提出されるなどの動きもあって，翌1899（明治32）年には，文部省が「幼稚園保育及設備規程」を制定した。これは，幼稚園に関する初の単独法令であり，幼稚園の編制，組織，保育項目等について規定するものであった。同規程において，幼稚園の保育時間が5時間以内と定められ，保育内容としては遊嬉，唱歌，談話，手技（遊嬉を最初に位置づけるとともに恩物操作を手技としてまとめた）が示された。これまで全国の幼稚園は東京女子師範学校附属幼稚園の園則を範とする傾向が強かったが，初めて詳細な法的規程が設けられたことで，これ以降，日本の幼稚園のあり方を定めるものとして機能していくことになる。なお，実際の幼稚園現場においては，今しばらく恩物中心の形式化された保育が継続してはいくものの，幼稚園数自体は着実な伸びを見せ，明治末期の時点では全国533園となった。

4　貧民救済としての託児事業

　ここまで幼稚園の創設と普及過程を見てきたわけだが，先述のとおり，当時の幼稚園は上流階級の子弟が通う場所であり，一般庶民生活の必要を満たすものとは言いがたかった。1882（明治 15）年には，「編成ヲ簡易ニシ」貧児を受け入れる「簡易幼稚園」を文部省が構想しているが，これが公費によって実際に設置されることはなかった——例外として，保育料を徴収せず労働者階級の子どもの保育を目的とするものとして，東京女子師範学校附属幼稚園に「分室」が設置されたが，普及には至らなかった。

　そもそも，1872 年に出された学制によって国民皆学が目指されたとはいえ，実際には就学率上昇はなかなか見込めなかった。なぜなら，貧困家庭の子ども（特に女児）は家業を手伝い，自家や他家の子守を担うことで家計を助けていることが多く，貧児をいかに就学させるか，という問題の解決なくして就学率上昇は実現しないものだったからである。そこで，こうした子どもに対し，乳幼児同伴での登学を許可する「子守学校（子守学級）」が，明治 10 年前後から全国的に計画，試行されるという動きがあった。当初は，現場教師や民間人の篤志による設立が主で，たとえば，『子守教育法』（1884）を著した渡辺嘉重（1858 ～ 1937）は，1883（明治 16）年の段階で茨城県小山村（現，坂東市）に子守学校を開いている。その後，次第に行政側が正式な学級組織に位置づけるなど，慈善事業の一種として子守学校は普及していくが，とりわけ女児に対する教育保障の側面も兼ね備えていたことを忘れてはならない。

　さて，こうした貧児に対する慈善事業の例としては，日本最初の保育所と称される「新潟静修学校附設託児所」も位置づけられるだろう。もともと新潟の町中に私塾（新潟静修学校）を開き，昼夜問わずに青少年の教育を行っていた赤沢鍾美（1864 ～ 1937）・仲子夫妻は，乳児を背負ったり幼児の手を引いたりして通学してくる子どもが少なくない状況に鑑み，1890（明治 23）年から乳幼児たちに別室を開放し玩具や間食を与えるなどした。2 人の活動はその後本格化し，1908（明治 41）年からは「守孤扶独幼稚児保護会」と称して日本の託児事業の礎を築いていくこととなる。

今ではなかなか想像しづらいが，当時は東京の中心地にもスラム街（貧民窟）が点在し，子どもの生活環境の劣悪化や不十分な養育状況が見受けられた。そうした社会的背景のもと，少しでも子どもたちを救済したいとの想いから，1900（明治33）年，東京の麹町に二葉幼稚園（1916年，事業特性が救済事業であるとの指摘から二葉保育園に改称）が設立されている。設立者は，もと華族女学校附属幼稚園（現，学習院幼稚園）で働いていたクリスチャン，野口幽香（1866〜1950）と森島峰（1868〜1936）で，本来のフレーベルの精神にもとづく遊びを主とした保育を重視した。1906（明治39）年からは，四谷鮫ヶ橋の御料地を借りて100人収容の園舎を建て，さらに保姆として徳永恕（1887〜1973）を迎えることで貧児の保育のみならず，「親の会」「卒業生会」を開き，子どもを取り巻くすべての人々への救済事業的性格を強めていった。

3節　大正期における保育思想の発展

大正期（1912〜1926）は，保育・教育を語るうえでは欠かせない重要な転換期の一つである。それというのも，エレン・ケイ（Key, E., 1849〜1926）の『児童の世紀』（1900）出版や米国におけるデューイ（Dewey, J., 1859〜1952）の活躍などにより，子どもの主体性や個性を最大限尊重しようとする「児童中心主義」「自由教育」といった新教育思想が醸成され，それが日本においては大正期において花開いていくからである。また大正期に入ると，上流階級の子どもが幼稚園に通うというイメージが徐々に払拭され，都市の新中間層の子どもが通う場所という大衆化イメージへと性格を変えていく。こうした変化もあって，大正末期の時点で1000園を超えるまでに幼稚園は普及を見せた。

1　倉橋惣三による誘導保育論の形成——幼児教育における独自性の確立

1917（大正6）年，東京女子師範学校附属幼稚園主事として倉橋惣三（1882〜1955）が就任した。もともと倉橋は，フレーベル研究を通じて日本の幼稚

園における恩物中心主義の保育に矛盾を感じていたが，さらに 1919（大正 8）年からの 2 年あまりに及ぶ欧米留学で各国の先進的な幼児教育を視察したことにより，その矛盾を乗り越えるような彼独自の理論を形成していくことになる。帰国後の倉橋は，自らの矛盾を次のようにまとめている。子どもの自発活動（遊び）を重視する教育は，教師主導の教育方法をよしとした明治の教育への反動としては意味があるが，子どもにとっては，過程も結果もない気まぐれな感情本位の生活に終始する可能性は否めない。他方で，到達点を重視する目的に沿った教育は，子どもの興味・関心と離れたものになれば無意味な手段となってしまう。したがって，この両者の対立を調和へと向かわせていくことが課題である。

　実際その後の彼は，活動の動機を起こさせながら目的活動に導いていく教育のあり方を探求し続け，1934（昭和 9）年出版『幼稚園保育法真諦』のなかで「誘導保育」という理論として結実させた。「自己充実（設備・自由）－充実指導－誘導－教導」という 4 段階に従って「誘導保育」を実施することで，幼児の興味に即した主題を切り口に幼児の生活（遊び）を誘導していく場が幼稚園であり，そこに幼稚園の存在価値があると述べたのである――幼児のもつ力を十全に発揮させるための「設備（環境）」構成および「自由」の保障が 4 段階の初めにあることを忘れてはならない。

　倉橋のこのような「誘導保育」論は，「生活を生活で生活へ」というキーワードとともに，現在の日本の保育原理の根幹にも位置している。ちなみに倉橋は，戦後の 1948（昭和 23）年，「日本保育学会」を創設し体系的な保育学構築のための地盤づくりも行った。倉橋が「幼児教育の父」や「日本のフレーベル」と呼ばれる所以は，彼の打ち立てた理論はもちろんのこと，こうした種々の活動全般にあるといえよう。

2　大正期における保育施設の展開

　第一次世界大戦後，進展する近代産業により巨大な富を得ていく資本家階級と，さまざまな問題に悩まされ続ける労働者階級との深刻な対立が浮き彫りと

なるなか，1918（大正7）年，富山県魚津の漁村を発端に全国に広がりを見せる「米騒動」が勃発した。折しも，明治末期から内務省は，治安維持政策の一環として慈善事業対策を行っていたが，この米騒動を機に，貧困問題が人々の間で広く意識されることとなり，貧困者救済の公的社会事業化が強く求められるようになっていく。こうした流れのなか，これまで一部の篤志家による慈善事業として位置づけられていた託児事業に対しても，公的社会事業として助成が認められるようになっていく。これ以後，内務省が所管施設として貧困家庭の乳幼児のための託児所を増設していくことで，明治末期には15施設だった託児所が，大正末期には300施設を超えるまでに展開していくこととなる。

　他方，文部省管轄の幼稚園についても，大きな動きが見られた。1926（大正15）年の「幼稚園令」公布により保育項目が「遊嬉，唱歌，観察，談話，手技等」と規定されたのだが，「等」と示されたことで実践者の工夫の自由が保障されることになった。それと同時に，3歳未満児の入園を可能とし，保育時間も早朝から夕方まで可とするなど，すべての幼児に対する保育機会の提供を意図する文部省の方針が示された。ところが，経済的措置を欠いていたため，内務省から退けられ実現とはならなかった。

　ここまで見てきたように，すでに幼稚園と託児所の役割の違いや利用者のニーズの違いは存在していたが，この「幼稚園令」公布を境に，明確に保育制度の二元化が図られることとなった。そして，この二元体制は戦後以降も続いていくことになる。

4節　戦時下における保育の変容

　最後に，昭和期（1926〜1989）の，とりわけ1945年8月以前の戦前・戦中の保育について見ていきたい。

1　城戸幡太郎による児童中心主義批判

　先に触れた倉橋が，子どもの個性を尊重し子どもの生活それ自体から保育を展開しようとしたのに対して，それでは保姆としての役割（現実の社会を変革しうるような能力を子どもに要求するという役割）を軽視しているのではないかと警鐘を鳴らしたのが城戸幡太郎（1893 〜 1985）である。城戸によれば，子どもは現実社会の諸矛盾を反映する社会的存在でありながら，同時に自己中心的で「利己的生活」を送る存在でもある。したがって，「利己的生活」を変えていく生活訓練の場として幼稚園，託児所の集団生活はあるべきであり，保育では子ども相互の集団活動を通じて「協同生活」へと高めていく必要がある，と説くのである。こうした考えは，倉橋をはじめ，これまでの幼稚園関係者が抱いてきた，近代的な子育てモデルを母親たちに示す場であり家庭教育を補う場が幼稚園である，との認識を転換するものでもあった。このように子どもの社会性の育成を重要視することから，城戸は自らの考えを「社会中心主義」と呼び，さらに 1936（昭和 11）年には「保育問題研究会」を設立し，子どもの保育を科学的，実証的に分析し，研究成果を保育現場に活かす共同研究の場とした。

　ところで，こうした城戸の考えの背景には，1930（昭和 5）年ごろの昭和恐慌に端を発する経済不況と社会不安の深刻化，さらに 1931（昭和 6）年の満州事変，1937（昭和 12）年からの日中戦争と戦時下の様相の高まりがあったことを見落としてはならない。大正期のような児童中心主義的で楽観的な子ども観のままに保育をしていては国の将来が危ぶまれるとの認識を生むほどに，日本は戦争一色へと突き進んでいったのである。

2　戦時体制への対応

　国家主義的，軍国主義的な雰囲気が社会全体を覆うなか，日本は 1941（昭和 16）年からの太平洋戦争および第二次世界大戦へと向かっていく。戦況悪化のなかで託児所は，従来の貧困家庭のためという役割のみならず，女性労働力の大量動員のために必要不可欠であると考えられるようになっていく。その

図14−2
看護婦さんごっこ
（日本保育学会編『幼児保育百年の歩み』ぎょ
うせい，1981）

図14−3
幼児の作品「空襲」（同左）

図14−4　三国同盟をたたえる遊戯（同上）

　ため厚生省は「戦時託児所」と呼ばれる施設を急増させ，国民皆働の実戦態勢
に即応していった。戦時託児所は，1944（昭和19）年の段階で全国に2000施
設余り存在していた。

　他方，幼稚園は1942（昭和17）年の段階で全国に2085園，就園率10％と
戦前のピークに達していたが，戦争が激しくなるにつれて保育の継続が困難と
なり，その多くが休園や廃園，あるいは戦時託児所への転換を迫られた──東

京都の例でいえば，1944年に「幼稚園閉鎖令」を出す一方，託児所側の受け入れ対象を一般家庭幼児にまで拡大するなどして対応した。

　第二次世界大戦の戦況の激化は，子どもの生活および保育活動にも影響を与えた。例えば「ごっこ遊び」では，負傷した兵士と看護師とのやりとりが見られたり（図14 - 2），保育活動においては，戦争を題材とするような切り絵が行われたりした（図14 - 3）。ほかにも，お遊戯会で3人の子どもたちが，1940（昭和15）年に締結された日独伊三国同盟を称賛するような記録写真も残されている（図14 - 4）。これらの事例は，戦争というものが，社会全体を歪んだものへと変えてしまうことを端的に示すものといえよう。

参考文献

青木一ほか編　「10 保育の思想（日本）」保育幼児教育体系 第5巻　労働旬報社　1987

岩崎次男編　近代幼児教育史　明治図書出版　1979

太田素子・浅井幸子編　保育と家庭教育の誕生 1890-1930　藤原書店　2012

上笙一郎・山崎朋子　日本の幼稚園　筑摩書房　1994

倉橋惣三・新庄よしこ　日本幼稚園史〔復刻版〕　臨川書店　1980

宍戸健夫　日本の幼児保育――昭和保育思想史（上）　青木書店　1988

宍戸健夫　日本における保育園の誕生　新読者社　2014

長田三男　子守学校の実証的研究　早稲田大学出版部　1995

古木弘造　幼児保育史　巌松堂書店　1949

文部省　幼稚園教育百年史　ひかりのくに　1979

湯川嘉津美　日本幼稚園成立史の研究　風間書房　2001

15章　保育の社会的役割

1節　子育てをめぐるさまざまな問題

　子育て環境の変化に伴い，子どもは自然のなかで過ごす機会が減り，室内での遊びの時間が増えている。その背景には，子どもだけでは外で遊ばせられない社会環境，保護者の多忙感や保護者自身の自然体験の少なさが考えられる。

　しかしながら，乳幼児期に自然の中で体を動かし，さまざまな遊びを通して興味や関心を育てることは必要であろう。保育現場ではこのような子育て環境の変化から，家庭では体験しにくいような自然のなかでの遊びや，動植物を育てる体験を子どもたちにさせることがますます期待されている。

　保育所保育指針では，領域「環境」のなかで，3歳以上児の保育に関するねらいに，「身近な環境に親しみ，自然と触れ合う中で様々な事象に興味や関心

※写真と本文の内容は直接的には関係ありません。

図15−1　保育園でキュウリを収穫　　**図15−2**　地域の特産品である筍を掘る

をもつ」とある。また具体的な内容として，「自然に触れて生活し，その大き
さ，美しさ，不思議さなどに気付く」や，「身近な動植物に親しみをもって接
し，生命の尊さに気付き，いたわったり，大切にしたりする」とある。

　実際に保育現場では，植物を栽培したり，地域の特産品の収穫を体験するよ
うな保育活動に取り組んでいる（図15−1，図15−2）。

　近年「ワンオペ育児」という言葉を耳にするが，これは飲食店などの店舗を
一人でまわす「ワンオペレーション」から来ている。すなわち「ワンオペ育
児」とは多くの場合，母親が一人で仕事や家事，育児のすべてをこなす状況を
指す。より具体的には，配偶者が単身赴任や病気などの事情がある場合や，同
居していても実質は育児を一人でしている状況を指している。母親が仕事をも
つ共働き家庭が増加しているなか，「ワンオペ育児」とは，母親が一日中休む
暇のないことを意味する。そして，そのような日々多忙感や疲労感を抱えた母
親が子どもと接し，育児を行っている現状があり，心身に余裕のない状況で子
育てをしていることがわかる。

2節 求められる子育て支援

　保育現場に求められていることとして，子育て支援がある。母子で過ごす時間が長く，きょうだいがいなかったり，地域で一緒に遊ばせられる子どもがいない場合には，保育所や認定こども園などにおける園庭開放や一時保育（図15－3）が子育てをサポートする役割を果たす。

　例えば，園庭開放に親子で参加することにより，他の親子の関わり方をみることができ，さまざまな子どもや子育てがあることを知って，保護者の視野が広がる。また，保育士の子どもとの関わり方をみることで，子どもへの言葉かけや絵本の読み聞かせ方，子どもとの遊び方などを学び，家庭での子育てに役立てることができる。すなわち，保護者をエンパワメントする（子育てに必要な力をつける）ことにつながるのである。

　また前述したような「ワンオペ育児」や，次節でみる貧困や虐待といった悩みを抱えた保護者の相談を受けたり，必要な援助が受けられる機関を紹介したりするといったことも，保育者に求められている。

　地域子育て支援拠点（つどいの広場など）やファミリー・サポート・センターなどの支援グループ・団体の数は急速に増加しているが，地域格差の問題や保育の専門性を有した人が支援しているとは限らないことなどもあり，保育所保育指針の第4章「子育て支援」では，地域の子育てをしっかり支援する必

図15－3　一時保育で遊ぶ

要性があらためて確認されたのである（汐見，2017）。

3節　子どもの人権

1　子どもの貧困

　日本財団の「子どもの貧困の社会的損失推計レポート」（2015 年）によると，日本の子どもの貧困率は，1995 年以降ほぼ一貫して上昇しており，2012 年には 16.3％までに達した。これは主要国のなかで，アメリカ，イタリアに次いで 3 番めに高い数字である。

　また厚生労働省の平成 28 年国民生活基礎調査の概況にある「貧困率の状況」を見ると，2015（平成 27）年の「子どもの貧困率」（17 歳以下）は 13.9％（地震で被災した熊本県は除く）となっており，2012 年の 16.3％より下がったものの，依然として課題である。また，「子どもがいる現役世帯」（世帯主が 18 歳以上 65 歳未満で子どもがいる世帯）の世帯員についてみると，12.9％となっており，そのうち「大人が一人」の世帯員では 50.8％，「大人が二人以上」の世帯員では 10.7％となっている。

　人間として最低限の生活を営（いとな）むことができないような状態である「絶対的貧困」と比較して，「相対的貧困」はその社会の構成員として「あたりまえの生活」を営むのに必要な水準を欠くことである。松本（2008）は「人とのつながりを保てる，職業や活動に参加できる，みじめな思いをすることのない，自らの可能性を大きく奪われることのない，子どもを安心して育てることができる生活，つまり，ぜいたくではないが望ましい社会生活をいとなむには，一定の物的・制度的基盤が必要である」（p. 34）と述べ，今日の子どもの貧困は，「相対的貧困」の視点を基盤にしないと貧困と見えなくなってしまうと主張する。また，子どもの貧困に引き寄せて考えれば，子どもが負っている不利の認識は，容易に「責任を果たしていない」「問題のある」親への非難に転化することが指摘されており（松本，2008），注意が必要である。

202

図15-4 子どもの権利条約4つの柱
（公益財団法人 日本ユニセフ協会ホームページ　© Tourisha / Hiromi Ushijima）

　このようななか，全国的に広がっている取り組みとして子ども食堂があげられる。子ども食堂については，特定の子どもだけを対象にするとかえって行きにくくなる等の問題があり，保育所保育指針改定を機に，保育所が地域食堂を開くなどの試みがなされると，新しいモデルになるといった提言もあり，今後注目される。

　さらに，日本ユニセフ協会のホームページによれば，2016（平成28）年5月27日に，「子どもの権利条約」（図15-4）を基本理念として明記した改正児童福祉法が成立した。改正児童福祉法は，その第1条で「すべて児童は，児童の権利に関する条約の精神にのっとり（中略）その心身の健やかな成長及び発達（中略）を等しく保障される権利を有する」と定めた。また，第2条では，「社会のあらゆる分野において子どもの意見が尊重され，その最善の利益が優先して考慮されるよう努めること」とされた。日本が「子どもの権利条約」を批准してから22年経って初めて，子どもが"権利の主体"として位置づけられたのである。

　保育施設のなかでは，通園する子どもの家庭に格差が広がっている。今日の貧困問題に関わって保育施設ができることは，子どもと家族をまるごと支える

表 15 - 1 児童相談所での児童虐待相談対応件数と推移

（厚生労働省「平成 28 年度 児童相談所での児童虐待相談対応件数（速報値）」）

年度	平成18年度	平成19年度	平成20年度	平成21年度	平成22年度	平成23年度	平成24年度	平成25年度	平成26年度	平成27年度	平成28年度(速報値)
件数	37,323	40,639	42,664	44,211	(注)56,384	59,919	66,701	73,802	88,931	103,286	122,578
対前年度比	108.3%	108.9%	105.0%	103.6%	－	－	111.3%	110.6%	120.5%	116.1%	118.7%

（注）平成 22 年度の件数は，東日本大震災の影響により，福島県を除いて集計した数値。

実践であり，貧困を解消するための相談の場づくりであり，それを必要とする家庭をさまざまな場につないでいく役割である（実方，2008）。

2 子どもの虐待

　子どもの虐待は増加傾向にあり，虐待の発見や支援を含めた子育て支援が，保育現場に求められている。厚生労働省のホームページによると，「平成 28 年度 児童相談所での児童虐待相談対応件数（速報値）」は全国 210 カ所で 12 万2578 件であり，これまでの最多の件数となった（表 15 - 1）。平成 27 年度と比べて平成 28 年度は大幅に児童虐待相談対応件数が増加したが，その主な要因としては，児童が同居する家庭における配偶者に対する暴力がある事案（面前 DV）による心理的虐待の警察からの通告が増加したことや，児童相談所全国共通ダイヤルの 3 桁化（189）の広報，マスコミ報道等により国民や学校等関係機関の児童虐待に対する意識が高まったことに伴う通告の増加があった。このようなことから児童相談所の現場では，一つひとつの相談にじっくり取り組む余裕がないほどのペースで，通報を受理している（川松，2008）。

　そのため保育者は，虐待の兆候や危険要因，家庭環境，緊急一時保護や介入について把握できるように態勢を整備しておきたい。「児童虐待の防止等に関する法律」に示す虐待のうち外傷は比較的わかりやすいが，放置や保護者としての監護を怠る行為は見えにくいため，子どもが荒れる，乱暴をする，泣きわめく，元気がないなど行動に変化が現れた場合は，背後に潜むかもしれない虐

待を見逃さない覚悟が求められる（野澤，2012）。

　また児童養護施設に暮らす子どものなかには，貧困と家族の複合的な問題を背景に，被虐待的な環境に長期におかれ，結果として深刻な「生きづらさ」を抱える子どもがいることに留意したい（松本，2008）。虐待のあった家庭には，経済的な困難を基盤としながらも，さまざまな生活課題が重なり合っており，それらには「保護者の育った養育環境が不適切であったり被虐待歴があること，ひとり親家庭，若年出産が世代を超えてくり返されている，就労の不安定，父母の不和または離婚，親族との疎遠，社会的な孤立，保護者の精神疾患や人格障がい，育てにくい子どもである，保護者のアルコールや薬物への依存，保護者が外国籍あるいは不法滞在」がある（川松，2008）。

　さらに，児童相談所において児童虐待として関わる子どもたちは，文化的な環境にも恵まれておらず，例えば，親子での旅行，映画・コンサート鑑賞，博物館見学，遊園地へ行くこと，キャンプへの参加等，幅広い文化にふれたり社会参加したりする機会が著しく乏しい（川松，2008）ため，子どもにとってさまざまな不利につながるのである。

4節　子どもの健康および安全

　新保育所保育指針では，第3章「健康及び安全」のなかに，4「災害への備え」という項目が新たに立てられた。具体的には，防火設備や避難経路等の安全点検，緊急時の対応のマニュアルを作成すること，定期的な避難訓練の実施，地域の関係機関や保護者との連携の下に避難訓練を行うことなどが記された。日頃から地域との関わりを深めることで，いざというときに協力を得て避難できるように準備しておくことが求められている。さらに，災害後の子どものメンタルヘルスを維持するために努力することも強調された。このような項目の追加は，2011（平成23）年3月11日に東日本大震災が起こったことや，その後にも熊本の大震災など，深刻な災害があちこちで起きたことが背景にある。

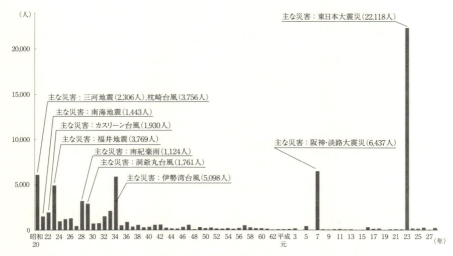

図 15 − 5　自然災害における死者・行方不明者数
（内閣府「平成 29 年版 防災白書」）

　磯部（2016）は『震災と保育 1 ——混乱，そして再生へ』のなかで，東日本大震災による保育現場の混乱と再生の過程を記している。東日本大震災は，多数の死者・行方不明者を出した未曽有の大震災であった（図 15 − 5）。

　磯部によれば，この震災後，被災地の保育現場のほとんどが，何もないところで保育をするという課題と向き合うことになった。そして，保育の再生とは，単に保育所の建物や保育用品といった環境が整うことを意味しないと述べている。すなわち，子どもと保育者間の代替不可能な関係性や，生み出されるナラティヴ（物語）そのものが保育ではないかと指摘する。このことは，震災前には同じ保育所で過ごしていた保育者や子どもが，ある日突然起きた震災後には，別々の保育所で分かれて過ごさなければならなくなり，できることなら「みんなに再会したい」という保育者の願いから気づかされた視点であった。

　さらに磯部は，震災の体験からわかった保育の課題も記している。それは，被災の情報を集めるシステムがなかったことである。例えば，震災から半年が過ぎても，保育現場の詳細な情報がすべて明らかにならなかった背景には，日

本の保育制度が二元化されており，さらに縦割りの制度の下に，複数の団体が組織されていることがあるとの問題点を指摘する。このため，義務教育と比べて，保育再開までには長い時間を要した。学校の授業を開始する環境を整えるのと同じスピードで保育を再開するには，国や国民が保育の意味や必要性を理解していく必要があると主張する。

　このことは，保育所保育指針に記されたように，各保育所が地域や保護者と連携をはかり，災害時のマニュアルを作り，設備や避難訓練を通して備えるといったことだけではなく，国や保育界全体の課題として，保育現場の災害の対応や情報収集のあり方が問われていると言える。

　その他，保育所保育指針第3章「健康及び安全」のなかの1「子どもの健康支援」の記述の変更として，アレルギー体質の子への配慮等をより丁寧に行うべきことが書き加えられている。さらに記述が加わったのは，事故への対策は丁寧に，かつしっかりしなければならないという点であるが，そのために保育が委縮しすぎないことが大切である。「子どもの主体的な活動を大切にしつつ」と書かれたところを，しっかりと読み込む必要性が指摘されている（汐見，2017）。

5節　まとめ

　本章を通して見てきたように，近年の子どもを取り巻く環境にはさまざまな問題がある。そして，それが子どもを育てる保護者の負担やストレスにつながっているとも言える。

　このようななか，保育現場では子どもとその保護者が抱える困難を受け止め，支えていくことが期待されている。保育の社会的役割は，ますます重要になってきているのである。

引用・参考文献

磯部裕子　震災と保育1──混乱，そして再生へ　ななみ書房　2016

川松亮　「児童相談所からみる子どもの虐待と貧困」　浅井春夫・松本伊智朗・湯澤直
　　美編　子どもの貧困──子ども時代のしあわせ平等のために　明石書店　2008

厚生労働省　保育所保育指針　2017

汐見稔幸　「保育所保育指針」　無藤隆・汐見稔幸・砂上史子編　ここがポイント！3
　　法令ガイドブック──新しい『幼稚園教育要領』『保育所保育指針』『幼保連携
　　型認定こども園教育・保育要領』の理解のために　フレーベル館　2017

実方伸子　「保育の場からみる子どもの貧困」　浅井春夫・松本伊智朗・湯澤直美編
　　子どもの貧困──子ども時代のしあわせ平等のために　明石書店　2008

野澤義隆　「66 虐待に適切に対応する」　藤田雅子編　保育イエローカード100 ──
　　「べからず」事例とその対応　学文社　2012

松本伊智朗　「貧困の再発見と子ども」　浅井春夫・松本伊智朗・湯澤直美編　子ど
　　もの貧困──子ども時代のしあわせ平等のために　明石書店　2008

付録　「3つの柱」と「10の姿」

　幼稚園教育要領に記された，幼児教育で基礎が培われる「資質・能力」と，5領域の内容を10に整理した「幼児期の終わりまでに育ってほしい姿」の文言を付す。

　保育所保育指針，幼保連携型認定こども園教育・保育要領においても細かな表現に違いがあるだけで，内容は同じである。

1　幼稚園教育において育みたい資質・能力（3つの柱）
(1) 豊かな体験を通じて，感じたり，気付いたり，分かったり，できるようになったりする「知識及び技能の基礎」

(2) 気付いたことや，できるようになったことなどを使い，考えたり，試したり，工夫したり，表現したりする「思考力，判断力，表現力等の基礎」

(3) 心情，意欲，態度が育つ中で，よりよい生活を営もうとする「学びに向かう力，人間性等」

2　「幼児期の終わりまでに育ってほしい姿」（10の姿）
(1) 健康な心と体
　幼稚園生活の中で，充実感をもって自分のやりたいことに向かって心と体を十分に働かせ，見通しをもって行動し，自ら健康で安全な生活をつくり出すようになる。

(2) 自立心
　身近な環境に主体的に関わり様々な活動を楽しむ中で，しなければならないことを自覚し，自分の力で行うために考えたり，工夫したりしながら，諦めずにやり遂げることで達成感を味わい，自信をもって行動するようになる。

(3) 協同性
　友達と関わる中で，互いの思いや考えなどを共有し，共通の目的の実現に向けて，

考えたり，工夫したり，協力したりし，充実感をもってやり遂げるようになる。

(4) 道徳性・規範意識の芽生え

友達と様々な体験を重ねる中で，してよいことや悪いことが分かり，自分の行動を振り返ったり，友達の気持ちに共感したりし，相手の立場に立って行動するようになる。また，きまりを守る必要性が分かり，自分の気持ちを調整し，友達と折り合いを付けながら，きまりをつくったり，守ったりするようになる。

(5) 社会生活との関わり

家族を大切にしようとする気持ちをもつとともに，地域の身近な人と触れ合う中で，人との様々な関わり方に気付き，相手の気持ちを考えて関わり，自分が役に立つ喜びを感じ，地域に親しみをもつようになる。また，幼稚園内外の様々な環境に関わる中で，遊びや生活に必要な情報を取り入れ，情報に基づき判断したり，情報を伝え合ったり，活用したりするなど，情報を役立てながら活動するようになるとともに，公共の施設を大切に利用するなどして，社会とのつながりなどを意識するようになる。

(6) 思考力の芽生え

身近な事象に積極的に関わる中で，物の性質や仕組みなどを感じ取ったり，気付いたりし，考えたり，予想したり，工夫したりするなど，多様な関わりを楽しむようになる。また，友達の様々な考えに触れる中で，自分と異なる考えがあることに気付き，自ら判断したり，考え直したりするなど，新しい考えを生み出す喜びを味わいながら，自分の考えをよりよいものにするようになる。

(7) 自然との関わり・生命尊重

自然に触れて感動する体験を通して，自然の変化などを感じ取り，好奇心や探究心をもって考え言葉などで表現しながら，身近な事象への関心が高まるとともに，自然への愛情や畏敬の念をもつようになる。また，身近な動植物に心を動かされる中で，生命の不思議さや尊さに気付き，身近な動植物への接し方を考え，命あるものとしていたわり，大切にする気持ちをもって関わるようになる。

(8) 数量や図形，標識や文字などへの関心・感覚

遊びや生活の中で，数量や図形，標識や文字などに親しむ体験を重ねたり，標識や文字の役割に気付いたりし，自らの必要感に基づきこれらを活用し，興味や関心，感覚をもつようになる。

(9) 言葉による伝え合い

先生や友達と心を通わせる中で，絵本や物語などに親しみながら，豊かな言葉や表

現を身に付け，経験したことや考えたことなどを言葉で伝えたり，相手の話を注意して聞いたりし，言葉による伝え合いを楽しむようになる。

(10) 豊かな感性と表現

　心を動かす出来事などに触れ感性を働かせる中で，様々な素材の特徴や表現の仕方などに気付き，感じたことや考えたことを自分で表現したり，友達同士で表現する過程を楽しんだりし，表現する喜びを味わい，意欲をもつようになる。

（幼稚園教育要領　第1章「総則」第2「幼稚園教育において育みたい資質・能力及び『幼児期の終わりまでに育ってほしい姿』より引用）

索　引

編　者

吉田　貴子　大阪国際大学短期大学部

水田　聖一　流通科学大学

生田　貞子　仁愛大学名誉教授

執筆者 〈執筆順，（　）内は執筆担当箇所〉

北後 佐知子　（1章）滋賀短期大学

加藤　望　（2章）愛知みずほ短期大学

吉田　貴子　（3章，15章）編者

野口　隆子　（4章）東京家政大学

広瀬　美和　（5章）城西国際大学

境　愛一郎　（6章）共立女子大学

中村　恵　（7章）畿央大学

平田 香奈子　（8章）広島修道大学

岡花 祈一郎　（9章）琉球大学

上中　修　（10章）関西学院大学

上田　敏丈　（11章）名古屋市立大学

水田　聖一　（12章，13章）編者

増田　翼　（14章）仁愛女子短期大学

写真提供（各章冒頭）

畿央大学付属幼稚園

新・保育実践を支える　保育の原理

2018 年 2 月 1 日　初版第 1 刷発行
2022 年 3 月 10 日　　　第 3 刷発行

編著者　　　吉田 貴子・水田 聖一・生田 貞子
発行者　　　宮下 基幸
発行所　　　福村出版株式会社
〒 113-0034　東京都文京区湯島 2-14-11
電話　03-5812-9702　FAX　03-5812-9705
https://www.fukumura.co.jp

印刷　株式会社文化カラー印刷
製本　協栄製本株式会社

シリーズ「新・保育実践を支える」 平成29年告示 3法令改訂（定）対応

中村 恵・水田聖一・生田貞子 編著
新・保育実践を支える

保 育 内 容 総 論

◎2,100円　　ISBN978-4-571-11611-7　C3337

子どもの発達段階を踏まえた質の高い保育内容と保育実践のあり方を，総論的な観点から平易に説く入門書。

津金美智子・小野 隆・鈴木 隆 編著
新・保育実践を支える

健　　　　　康

◎2,100円　　ISBN978-4-571-11612-4　C3337

子どもの心身が健全に育まれ，自然や物との関わりを通して充実感を得る方策が満載。保育する側の健康も詳説。

成田朋子 編著
新・保育実践を支える

人　間　関　係

◎2,100円　　ISBN978-4-571-11613-1　C3337

人と関わる力をいかに育むかを，子どもの発達の基礎をおさえ，実際の指導計画と実践事例を掲載しながら解説。

吉田 淳・横井一之 編著
新・保育実践を支える

環　　　　　境

◎2,100円　　ISBN978-4-571-11614-8　C3337

子ども達の適応力・情操・育つ力を引き出す環境の作り方を多角的に解説。図版と写真が豊富で分かりやすい。

成田朋子 編著
新・保育実践を支える

言　　　　　葉

◎2,100円　　ISBN978-4-571-11615-5　C3337

育ちの中で子どもが豊かな言語生活と人間関係を築くために，保育者が心がけるべき保育を分かりやすく解説。

横井志保・奥 美佐子 編著
新・保育実践を支える

表　　　　　現

◎2,100円　　ISBN978-4-571-11616-2　C3337

子どもが見せる様々な表現の本質と，それを受け止める保育者にとって有益な情報を実践的な研究に基づき解説。

成田朋子・大野木裕明・小平英志 編著
新・保育実践を支える

保 育 の 心 理 学 Ⅰ

◎2,100円　　ISBN978-4-571-11617-9　C3337

保育者が学ぶべき実践の支えとなる，子どもの発達過程における心理学の確かな基礎知識を分かりやすく解説。

◎価格は本体価格です。